ちくま新書

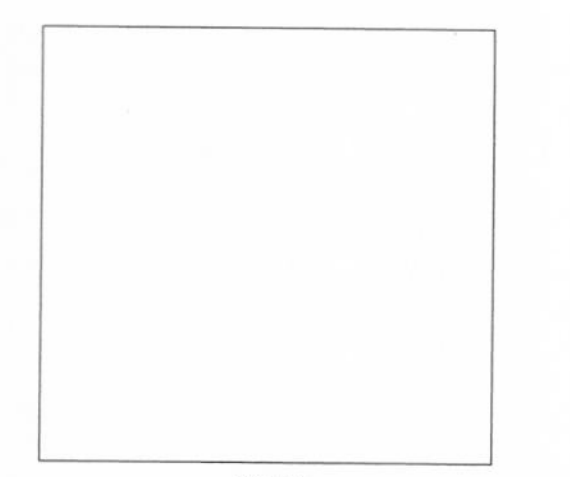

嘉吉の乱

——室町幕府を変えた将軍暗殺

渡邊大門
Watanabe Daimon

1683

嘉吉の乱——室町幕府を変えた将軍暗殺【目次】

はじめに

嘉吉の乱といえば、日本史の教科書にも出てくる有名な事件である。ごく簡単に説明しておくと、嘉吉の乱とは、嘉吉元年（一四四一）六月二十四日、播磨など三カ国の守護を務めていた赤松満祐が京都の自邸に六代将軍・足利義教を招き、暗殺した事件である。現職の将軍が殺害されたことは、多くの人々に衝撃を与えた。

問題は、その後の幕府の対応である。将軍が暗殺されたにもかかわらず、幕府の対応は非常に遅かった。

赤松氏の治罰の綸旨（天皇による赤松氏討伐命令）が下されたのは八月初めだったので、討伐の決定までにはかなりの時間を要した。そこからさらに時間は経過し、赤松満祐が討伐されたのは同年九月十日のことである。その後、赤松氏のなかには、生き残った者もいたが、滅ぼされた者もいた。運命はさまざまだったのである。

嘉吉の乱の起こった理由については、足利義教のパーソナリティーあるいは政策に求められることが多い。義教は義持の死後に将軍に選ばれたが、それはほかの将軍候補の兄弟の中から籤によって選出されるという方法で、後継の将軍を神慮に委ねたものだった。また、義教は猜疑心の強い人物だったと言われている。

詳しくは本書で取り上げるが、義教は鎌倉公方の足利持氏を討伐し、守護の一色義貫、土岐持頼を討って領国を取り上げるなどした。それだけでなく、意に沿わない公家なども処罰の対象になったので、人々は義教を恐れたといわれている。義教から睨まれた満祐も同じだった。嘉吉の乱以前、満祐は義教から討伐されるとの噂を耳にして、悩乱状態にあったといわれたほどだ。とはいえ、嘉吉の乱が起った要因のすべてを義教のパーソナリティーに押し付けるわけにはいかないだろう。

本書では、守護と幕府の関係と政策、そして赤松氏当主と庶子の問題、当時の社会情勢（一揆の時代）を関連付けながら、検討したものである。赤松氏は惣領家の当主が守護を務めたものの、一族・庶子も幕臣として室町幕府に仕えていた。つまり、惣領家と一族・庶子という関係とはいえ、幕府から見れば同格の存在だった。そして、畿内だけでなく、赤松氏領国の播磨においても一揆が勃発し、地震などの災害に見舞われるなど疲弊していた。嘉吉の乱勃発の要因は、複雑な要素があったのだ。

したがって、嘉吉の乱を考えるとき、義教個人の問題に帰するのではなく、さまざまな要因が複雑に絡み合って勃発したと考えるべきである。本書ではそのような視点から、複雑な要因から勃発した嘉吉の乱について、わかりやすく説くものである。

足利氏略系図

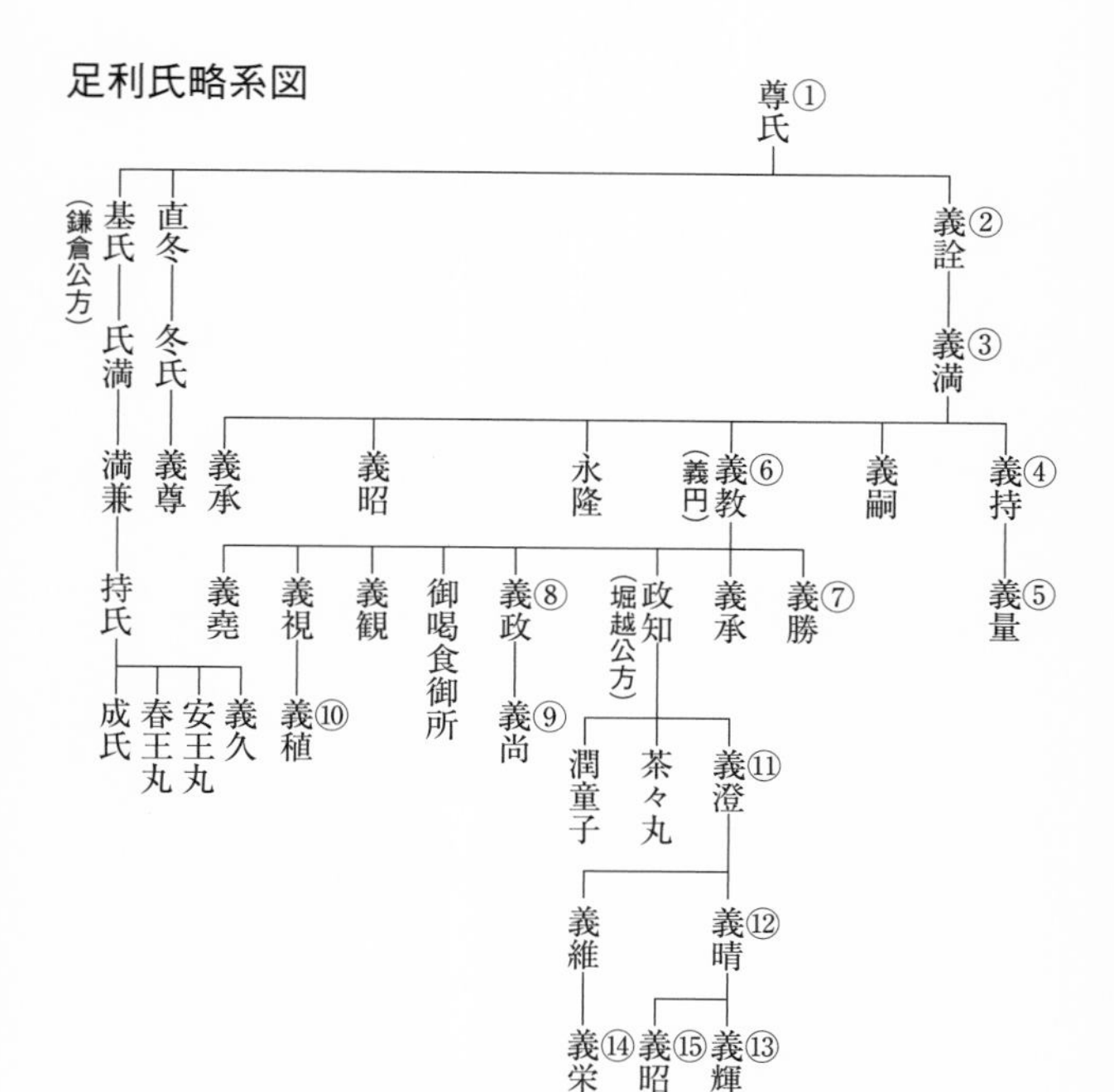

丸囲み数字は将軍の代数

第一章
室町幕府と守護赤松氏

†鎌倉幕府の滅亡から建武政権誕生まで

最初に、鎌倉幕府滅亡から室町幕府の成立に至る経緯に絡め、赤松氏中興の祖である円心と則祐の事跡を簡単に取り上げておこう。

鎌倉幕府は源頼朝が樹立した最初の武家政権として誕生したが、約百五十年後の正慶二年（一三三三）五月に滅亡した。

承久元年（一二一九）一月、三代将軍・実朝が鶴岡八幡宮（神奈川県鎌倉市）で公暁（くぎょうとも。二代将軍・頼家の子）に暗殺されると、源家三代の征夷大将軍は絶えた。以後、摂家将軍（二代）、親王将軍（四代）を迎えたが、実質的に幕政を担ったのが北条氏だ。これが執権政治のはじまりである。

北条氏は評定衆（裁判・政務を合議した職員）、引付衆（訴訟を担う引付で訴訟審理を担当した役職）を整備し、貞永元年（一二三二）には基本法典の「御成敗式目（貞永式目）」を制定した。こうして、北条氏嫡流による得宗専制政治が展開したのであるが、北条氏による政治は徐々に綻びを見せていく。

文永十一年（一二七四）、弘安四年（一二八一）の蒙古襲来において、幕府は見事にモンゴル軍を撃退したが、御家人たちには多大なる軍事的な負担を強いることになった。御家人の窮乏化に伴って、幕府は永仁五年（一二九七）に徳政令を発布するが、さほど効果は見られなかった。同時に、惣領制の解体、悪党の跳梁、朝廷における持明院統・大覚寺統の対立などの政治社会問題が深刻となり、幕府の体制は動揺した。

こうして各地で倒幕の機運が高まり、正慶二年五月、足利尊氏が六波羅探題を討伐し、新田義貞が鎌倉幕府を滅亡に追い込んだのである。このとき、本書の主役である赤松氏の中興の祖・円心が初めて歴史上に姿をあらわしたのである。

鎌倉幕府の倒幕を主導したのは、後醍醐天皇だった。倒幕後に成立したのが建武政権であるが、天皇親政を柱とした建武政権の数々の新しい政策（所領政策など）は、武士に受け入れられなかった。

やがて、支持を失った建武政権は、わずか三年後の建武三年（一三三六）に打倒された。建武政権打倒の中心になったのは、足利尊氏だった。そして、その尊氏が京都に樹立した武家政権こそ室町幕府なのであるが、室町幕府の樹立後も内乱は続いた。後醍醐天皇は吉野（奈良県吉野町）で南朝として活動を続け、室町幕府と幕府が擁する北朝との戦いを継続したのである。

†室町幕府の誕生

ここで室町幕府の制度や仕組みについて説明しておこう。

一般的に室町幕府は、建武三年十一月に幕府の政治要綱で十七カ条から成る「建武式目」の制定、そして南朝の後醍醐天皇から北朝の光明天皇に神器を引き渡した時点で成立したとされている。暦応元年（一三三八）八月に尊氏が征夷大将軍に補任された時点で、室町幕府が成立したとの説もあるが、建武三年説が定説となっている。

室町幕府の組織は征夷大将軍をトップにして管領（当初は執事）がこれを補佐し、加えて評定衆・引付方・侍所（さむらいどころ）・政所（まんどころ）・問注所（もんちゅうじょ）という、さまざまな機関が設けられた。以下、侍所・政所・問注所について解説しておこう。

侍所は、戦争時における戦功認定などを担当していた。十四世紀後半以降、侍所は検非違使庁が管轄する京都市中の治安、警察、民事裁判などの職務を担うようになり、京都の市政機関としての性格を持つようになった。侍所所司（長官。頭人とも）が山城国守護を兼ねるようになったのは、その証であるといえよう（侍所所司代が山城国守護代を兼務）。当初、侍所の所司は、高氏、佐々木氏、三浦氏、細川氏、仁木氏、土岐氏、今川氏などが務めた。おおむね十四世紀後半以降、侍所の所司はほぼ赤松、京極、一色、山名の四家に固定され、これを「四職」と称するようになった。

政所は、親王家、摂関家、公卿、有力社寺の家政機関を意味した。鎌倉幕府にも政所は設置され、行政事務などを担当していたが、のちに財政事務を司るようになった。室町時代以降も、政所は財政を担当した。当初、二階堂氏が執事（長官）だったが、のちに伊勢氏が執事職を世襲するようになり、蜷川氏が政所代を務めるようになった。なお、問注所は雑務沙汰（動産物権・債権などの訴訟）を担当していたが、やがて裁判機能は喪失し、文書管理を行った。

忘れてならないのは、管領の存在である。管領は、将軍の補佐をする役職である。最初は執事と称されていたが、貞治元年（一三六二）の斯波義将以降から管領と呼ばれるようになった。室町幕府開幕後は、足利氏被官の高氏、足利氏庶流の仁木氏が任じられたが、十四世紀半ば以降は斯波、畠山、細川の三氏（いずれも足利氏庶流）に家柄が固定された。これを「三管領」という。

以上が室町幕府の組織の概要である。

†地方組織と守護制度

室町幕府には、地方の統括組織が設置され、各国には守護が置かれた。

室町幕府の地方組織としては、関東に鎌倉府、九州に九州探題、東北に羽州探題と奥州探題がそれぞれ置かれた。

九州探題は、建武三年（一三三六）二月に九州に敗走した足利尊氏が東上する際、一色範氏（道猷）に九州経営を命じたのがはじまりとされている。以後、一色直氏、足利直冬、斯波氏経、渋川義行、今川貞世（了俊）が歴任するが、渋川満頼以降は渋川氏が世襲した。おおむね応仁元年（一四六七）にはじまる応仁・文明の乱以降は、有名無実の存在になった。

羽州探題は、出羽国の統治機関として延文元年（一三五六）に斯波兼頼が任じられ、以後はその子孫である最上氏が世襲したというが、その実態は明らかではない。奥州探題は鎌倉幕府の奥州総奉行を引き継いだもので、最初は陸奥、出羽の統治機関だった。やがて、羽州探題は独立した機関となり、出羽を管轄した。応仁・文明の乱以降は、奥州探題も形骸化したという。

地方組織の中で、もっと大きな存在感を示したのが鎌倉府である。鎌倉府は、関東の十カ国（相模・武蔵・安房・上総・下総・常陸・上野・下野・甲斐・伊豆）を統治するために設けられた機関である（関東府とも）。鎌倉府のトップは足利氏庶流の鎌倉公方が務め、これを関東管領が補佐し、守護、奉公衆、奉行衆が支えたのである。鎌倉府の組織は室町幕府と似ており、小侍所、評定奉行、政所、問注所、侍所、社家奉行、引付などで構成されていた。

鎌倉公方の初代は、足利義詮である。その後、弟の基氏が継承し、以後はその子孫が代々世襲することになった。関東管領は斯波氏、高氏などが務めていたが、十四世紀の半ば以降は上杉氏が独占するようになった。鎌倉公方の権限として重要なのは、関東の十カ国の武士への軍事統率権や土地安堵権、そして諸寺社の住持職の補任権および吹挙権などである。しかし、関東管領と関東の十カ国の守護任免権は、室町幕府の将軍が掌握していたので、鎌倉府はあくまで室町幕府の一機関にすぎなかった。

各国に置かれた守護は、鎌倉時代の制度を引き継いだものである。鎌倉時代の守護の主な任務は、大番催促（大番役の催促）、謀叛人・殺害人の逮捕（大犯三箇条）だった。当初、各国の守護は関東の有力御家人が任命されたが、やがて半数近くの国の守護を北条氏が一族で独占するようになる。

室町幕府の守護は鎌倉幕府の守護と違い、大きな権限を保持していた。まず守護は刈田狼藉（他者の知行する田畑の作毛を実力で刈り取る行為）を取り締まる権限を獲得し、同行為に及んだ者から三分の一の所領を没収した。加えて、守護は幕府の命令により現地に使節（遵行使）を派遣し命令を執行することで、裁判権の一部を獲得する。

このほか守護は、闕所地（没収された土地）を自由に処分できる権利、荘園などの管理の委任に基づき、契約した年貢の納入を請け負う守護請、年貢の半分を取得する半済などによって、広範な行政に関する権限を保持するようになった。この間、弱体化した国衙（諸国に設置された政庁）の権限も獲得したのである。

つまり、室町時代の守護は前代の鎌倉時代の守護とは異なり、広範な権利を獲得した点に特長がある。

†赤松円心と播磨

以上、簡単に鎌倉時代末期から室町時代までの政治の流れ、そして室町幕府の組織などについて見てきた。次に、本書の主役でもある赤松氏の流れを確認しておこう。赤松氏が史上に登場するのは円心が最初で、元弘三年（一三三三）に後醍醐天皇が鎌倉幕府を倒幕すべく挙兵したときである。

赤松氏の家系については、『太平記』（巻六）に「播磨国ノ住人、村上天皇第七御子具平親王六代ノ苗裔、従三位季房ガ末孫ニ、赤松次郎入道円心トテ弓矢取テ無双ノ勇士有リ」と書かれている。この記述が正しいならば、赤松氏は村上源氏の子孫ということになるが、鎌倉時代における赤松氏の史料は皆無に等しく、円心の父以前の人物については不明である。赤松氏の出自については諸説あるが、今後の課題といえるだろう。

『太平記』には、赤松氏が佐用荘苔縄に城を築いたと記されている。苔縄村は千種川の中流域、愛宕山東麓に位置し、現在の兵庫県上郡町に所在する。佐用荘は佐用郡・赤穂郡・宍粟郡にまたがる広大な荘園で、九条家領であった。佐用荘には赤松村が含まれており、赤松氏が名字の地にしたと考えられる。

円心が誕生したのは建治三年（一二七七）といわれているので、南北朝の争乱時には五十代になっていた。父は茂則と伝わっているが、たしかな史料に登場しない人物である。また、「則村」が実名とされることが多いが、円心が「則村」と署名した書状の類はない。そもそも円心が五十代に至るまでの動きがわからないのだから、それらは今後の検討課題であろう。

赤松氏が本拠とした上郡町は、今も中世の趣を残しており、赤松氏の菩提寺である法雲寺、宝林寺などの関連史跡が豊富に残っている。したがって、赤松氏の行動範囲は、佐用郡・赤穂郡を中心とした、西播磨一帯であったと推測される。一般的に、赤松氏は悪党といわれてきた。近年では関東御家人説なども提唱されているが、確固たる史料的な裏付けが乏しいのが現状である。

このように鎌倉時代の赤松氏や円心の前半生は不明な点が多いものの、現時点では播磨の佐用荘に本拠を置いていたのは事実であるといえる。

円心の挙兵

鎌倉幕府倒幕の機運が高まると、円心は後醍醐方に与して戦った。

正慶二年(一三三三)二月、大塔宮護良親王(後醍醐の子)は、太山寺(神戸市西区)に令旨を発し、打倒北条氏の檄を飛ばした(「太山寺文書」)。この令旨の礼紙には、「軍勢を率いて赤松城に馳せ参じるように」と記されている。史料中の赤松城は苔縄城のことと考えられ、播磨における倒幕の拠点が赤松氏の本拠にあったことをうかがわせる。これ以前の同年二月、大乗院(奈良市)門跡の尋尊の編纂による『大乗院日記目録』に「赤松円心蜂起」の記述が見えることから、赤松氏が早い時点で護良親王に内応していたのは疑いないだろう。

護良の令旨は円心の子・則祐を通じて、円心の手元にも届いた。令旨には、委細の事書（箇条書き。「一つ書き」とも）が十七カ条にわたって記されていた。円心はこの機会に功遂げ、名を挙げようとし、佐用荘苔縄城に勢力を結集すると、その軍勢はたちまち一千騎に及んだという。やがて円心は杉坂峠（兵庫県佐用町から岡山県美作市に抜ける峠）・山里（山野里。兵庫県上郡町）に関を構えて山陽道・山陰道を塞ぎ、上洛する西国の軍勢に備えた（『太平記』）。

その後、円心は備前三石城（岡山県備前市）の伊東氏を生け捕りにし、子の貞範の助力を得ると、続けて備前守護加地氏との戦いに勝利した。さらに、高田兵庫助を討ち取ると、徐々に路次の軍勢が円心の勢力に加わり、やがて七千騎ほどに膨れ上がった。円心は兵庫摩耶山（神戸市灘区）に城を築き、赤松城と称して拠点とした（『太平記』）。

同年三月、この事態を受けた六波羅軍は、赤松氏の籠る赤松城へと出陣した（『大乗院日記目録』）。しかし、六波羅勢は赤松氏に敗北を喫し、厳しい戦いを強いられていた。勝利した円心は箕面寺（滝安寺。大阪府箕面市）の衆徒に対して、「武士の乱入や狼藉があれば、交名を注進せよ」と命じている（「滝安寺文書」）。円心の勢力は六波羅軍を制し、徐々に摂津に広がりつつあったことを示している。

この事態を重く見た鎌倉幕府は六波羅御教書を発し、摂津勝尾寺（大阪府箕面市）の衆徒に円心の討伐を命じた（「勝尾寺文書」）。この史料では、円心を「播磨国謀叛人」と記しており、明確に反幕勢力と位置付けている。円心は小田時知らを大将とする六波羅軍を撃破し、京都南部の山崎（京都府大山崎町）を経て、京都に突入した。

円心の功績

正慶二年（一三三三）三月、円心は書状を山城宝積寺（京都府大山崎町）に送った（「宝積寺旧蔵文書」）。内容は、後醍醐の命によって北条高時を征伐すること、宝積寺に祈禱を行うことを依頼したものである。史料中に「円心依奉　勅」とあるので、円心は後醍醐天皇の命を受けており、倒幕勢力の中核を占めていたことがわかる。

円心が倒幕勢力の中心的な存在であったことは、後藤氏あるいは山内氏の軍忠状に「一見了」と花押を据えていることが示している（「後藤文書」「山内首藤家文書」）。軍忠状とは合戦における軍功（討ち取った敵の人数等）を報告する文書であり、のちに恩賞をもらうための証明書であった。その証明には、味方の大将や軍奉行が証判を加える必要がある。軍忠状に証判を加えた事実は、倒幕軍における円心の高い地位を示している。

同年四月以降の円心の活動を確認しておこう。円心軍は山崎を出発すると、軍勢を鳥羽

（京都市南区）から東七条に向かわせた。自らは桂（京都市西京区）に陣を置き、やがて水嵩の増した桂川を渡り切ると、一気に京都へ突入したのである。京都での円心軍の活躍は目覚しく、大宮・猪熊・堀川に火を掛け、東山の蓮華王院（京都市東山区）まで攻め込んだ。その後の六波羅軍の抵抗もあり、一時円心は京都南部まで撤退したが、逆に京都への物流を押さえることに成功した。物流の止まった京都では、六波羅軍の疲弊が目立ち、諸国から馳せ参じた武士のなかには帰国する者もあった。

その後、丹波の千種忠顕らの軍勢が京都に攻め込むが、六波羅勢に敗れ、一進一退の攻防が続いた。この時、重要な役割を果たしたのが、幕府方の有力御家人だった足利尊氏である。尊氏は名越高家とともに上洛し、六波羅軍の救援に駆けつけたが、高家軍が敗退したので丹波に退却し、篠村八幡宮（京都府亀岡市）で倒幕軍に加わる決意を表明した。尊氏は丹波・但馬の御家人の加勢を得て、再び都に入ると六波羅軍と交戦したのである。

尊氏の謀叛により、同年五月に六波羅軍は敗退した。六波羅探題の北条仲時は後伏見、花園の両上皇と光厳天皇を奉じて逃亡したが、近江国番場宿（滋賀県米原市）で一族・郎党とも自害して果てた。六波羅探題の滅亡後、ほどなく新田義貞が鎌倉に侵攻し、高時以下北条氏一門は鎌倉の東勝寺で自害した。高時の死をもって、鎌倉幕府は滅亡したのである。鎌倉幕府の滅亡に際しては、円心の活躍があったのは疑いない。

†建武政権下からの離反

正慶三年（一三三四）正月、年号が「建武」に改められ、後醍醐天皇による親政が始まった（建武新政）。建武新政の特徴は、天皇の独裁体制を打ちたてるものだった。新政のもとでは、八省の長官に公卿の上位者を配し、天皇直属の執政官に位置付けた。そして、特定の家系による官司請負制を否定し、国司の任免も自由に行うことで、知行国制度を破壊するという革新的なものだった。後醍醐は先例や家格秩序を破壊し、貴族層の伝統的秩序にメスを入れたのである。

所領政策では「個別安堵法」を採用し、所領に関わることは天皇親政つまり綸旨（天皇の命令書）に絶対的な効力が与えられた。しかし、所領政策では不満を持つ者が多く、徐々に人々の心は建武政権から離れていった。いずれにしても、このように極端な政策は人々に受け入れられず、やがて建武政権は行き詰まりを見せることになる。

鎌倉幕府の滅亡後、後醍醐によって諸将の軍功が賞された。建武政権では諸国に国司と守護が配置され、地方行政の柱とした。国司と守護を併置した理由は、十分明らかにされていないが、相互に牽制するためという説が有力である。

足利尊氏は武蔵国司と共に武蔵・上総の両守護職、新田義貞も上野・越後両国司と共に越後守護職にそれぞれ任ぜられた。円心には、播磨守護職が与えられた（「金井文書」）。播磨国司には後醍醐の腹心である園基隆が任ぜられ、その補佐役を新田義貞が担当した。その後、播磨国司は園基隆に代わって、新田義貞が任命されたのである。

華々しくスタートを切った建武政権であったが、政策は先述の通り早々に行き詰まりを見せた。建武元年（一三三四）十月、足利尊氏と護良親王との対立が表面化すると、後醍醐は名和長年らに命じて護良親王を幽閉し、鎌倉に配流した。翌年七月、護良は直義（尊氏の弟）に殺害され、その生涯を閉じたのである。

円心が播磨守護職を解任され、佐用荘地頭職のみが安堵されたのもこの頃である。解任の理由は不明であるが、円心に不満が残ったのは想像に難くない。後醍醐の側近である万里小路藤房は円心を弁護したが、受け入れられなかったという（『太平記』）。この間、円心に手落ちがあったわけでなく、後醍醐との何らかの感情的なもつれがあったとも推測される。円心と後醍醐との間には、いったい何があったのであろうか。

かつて、円心の子・則祐は護良親王とともに比叡山にあった（『太平記』）。円心は則祐を通して護良と良好な関係を築き、さまざまな情報を得ていたと考えられている。しかし、後醍醐と護良との政治運営に関する考え方は違っており、のちに反目するに至った。護良が暗殺されたのは、先述のとおりである。

円心は慕っていた護良が暗殺されたので、そのことが後醍醐への反発へとつながった可能性がある。後醍醐も円心の心情を察知して、円心の播磨守護を解任したと推測される。むろん、このことは史料に書かれたものではないが、円心は後醍醐に何らかの不満を抱いたので、足利尊氏に与同して建武政権の打倒に動いたと考えられる。

円心と尊氏の反乱

建武二年（一三三五）七月、北条高時の遺児・時行が信濃国で挙兵すると、鎌倉で成良親王を奉じていた直義を襲撃し、敗れた直義は三河へと敗走した（中先代の乱）。ついに、反建武政権の狼煙があがったのだ。直義の敗報を受けた尊氏は、後醍醐の制止を振り切って東下し、三河で直義軍と合流すると、鎌倉へ一気に侵攻して攻め落とした。この一事は、後醍醐と尊氏との決裂の契機となった。

一連の戦いで、円心は尊氏の出兵要請に応じて、次男の貞範を派遣した。以下、『太平記』によって、戦いの経過を確認しておこう。

建武二年（一三三五）八月、足利軍は遠江国佐夜（静岡県掛川市）で北条軍を撃破すると、敗れた北条軍は箱根の水飲峠（同三島市）まで退却した。同所は東海道随一の難所だったが、ここで活躍したのが貞範である。貞範は短剣を持った将兵に険しい山道を進ませると、やがて北条軍と合戦におよび、大崩（神奈川県箱根町）まで軍勢を進めた。

北条軍は相模川が増水していたので、足利軍が攻めてこないと考え、軍勢を休ませることにした。しかし、相模川の上流では高師泰が、中流では貞範が、下流では佐々木導誉がそれぞれ兵を進めており、北条軍を襲撃したのである。北条軍はたちまち総崩れとなり、鎌倉を目指して落ち延びていった。その後、後醍醐の命令を受けた新田義貞が尊氏を討伐するため、鎌倉を目指して下向した。同年十二月に箱根竹ノ下（静岡県小山町）で義貞が尊氏と交戦した際、貞範は尊氏に従って出陣した。

箱根竹ノ下の戦いで尊氏軍が勝利を収めると、義貞は西国へと敗走した。建武三年（一三三六）一月、尊氏は入京したが、尊氏の追討命令を受けた北畠顕家が入京すると、たちまち敗北し丹波から摂津へ敗走した。尊氏は摂津にたどりつくと、兵庫（神戸市兵庫区）から室津（兵庫県たつの市）を経て周防から九州に向かった。このとき、円心が尊氏に対して、西国で軍勢を建て直して光厳上皇から院宣を拝領し、朝敵にならないよう助言したといわれている（『梅松論』）。

尊氏が室津に逃れた際、今後の方針を定めるべく軍議が催され、西国方面の各国には国大将と守護が併置されることになった（『梅松論』）。たとえば、長門は国大将が斯波高経、守護が厚東武実という具合である。播磨は赤松円心としか記されていないので、これまでの貢献度などが考慮され、円心は国大将と守護を兼務したと考えるべきであろう。つまり、尊氏は円心に対し、大きな信頼を寄せていたのである。

†義貞との死闘

尊氏が九州に逃れて以降、後醍醐は新田義貞に尊氏の追討を命じた。円心は居城である白旗城（兵庫県上郡町）の防備を固めると、備前・美作の武士らの多くが味方した。建武三年（一三三六）三月、義貞の先発部隊である江田行義・大館氏明の率いる軍勢が坂本（同姫路市）に着陣し、室山（同たつの市）で赤松軍と交戦したが（「越前島津家文書」）、結果は赤松軍の無残な敗北だった。

新田義貞は病気などの理由によって出陣が遅れていたが、約五万といわれる兵を率いて京都を出発した。途中、諸国の軍兵が義貞軍に加わったため、加古川（兵庫県加古川市）あたりではその数が約六万にまで膨らんだという。そして、義貞は鵤（同太子町）に陣を置くと、赤松氏の籠る白旗城攻撃に焦点を合わせた。

義貞は約六万の軍勢で白旗城を取り囲み、昼夜を問わず五十日余にわたって攻め続けたが（『太平記』）、白旗城の攻略は決して簡単ではなかった。白旗城は周囲が峻厳な地形となっており、城内には十分な水と食糧が蓄えられていた。円心の籠城の準備は、万端に整っていたのである。

この戦いの様子は、軍記物語の『太平記』だけでなく、多くの古文書でも確認することができる。石見から新田義貞のもとに参陣した周布兼宗は軍忠状を残しており、三月十六日に着陣すると、同月末日には白旗城での合戦に臨んだことがわかる（『萩藩閥閲録』）。兼宗は翌四月一日、二日、四日、十一日、十七日と戦い、左手に矢を受けて怪我をしたことが判明する。白旗城の攻防は、長期に及んでいた。

赤松軍に与した者では、下揖保荘（兵庫県たつの市）の地頭だった島津忠兼が多くの関連史料を残した（「越前島津家文書」）。建武三年五月十九日の軍忠状では、赤松貞範が忠兼の戦功を確認し、翌月末は尊氏から軍功を称える御教書を拝領した。その後、忠兼は尊氏の上洛に従軍して、大いに戦功を挙げたのである。

義貞は白旗城攻略に力を注いだが、結局落とすことができなかった。その間、九州に逃れていた尊氏が東上の途についた。その一報を受けた義貞は、軍勢を割いて備前・備中方面に配備したが、尊氏の軍勢には勢いがあり、義貞は白旗城から撤兵した。その後、尊氏は湊川（兵庫県神戸市中央区・兵庫区）の戦いで、名将・楠木正成率いる軍勢を打ち破ると、六月に悲願の京都奪還を果たしたのである。

同年八月、尊氏は光明天皇を擁立すると、十一月に「建武式目」を制定し、室町幕府を開いたのである。後醍醐はいったん尊氏と和睦を結んだが、しばらくして吉野（奈良県吉野町）に落ち延びた。以後、尊氏は北朝を擁して、後醍醐の南朝勢力と戦いを繰り広げた。一連の戦いで、円心は室町幕府成立の立役者として、尊氏を支えたことがわかる。当然、円心は室町幕府から重用されることになった。

†範資と則祐

円心による播磨支配の様相は省略するが、播磨守護の在任期間は、建武三年十一月から観応元年（一三五〇）一月までと推定されている。円心が亡くなったのは、その年の一月十一日のことである。『常楽記』には、単に「赤松入道円心他界　七十四」とあるのみで、詳しい死因は記されていない。

円心の没後、家督を継承したのは嫡男の範資である。残念なことに、範資の生年は不明である。父・円心の二十代前後の子とすれば、一二九〇年代に生まれたと考えてよいであろう。範資が観応二年（一三五一）四月に亡くなったのは、『太清録』の記事から明らかなので、六十歳前後で赤松氏の家督を継いだことになる。範資が播磨守護だったのは、わずか一年強の期間にすぎなかった。一方で、範資は摂津守護でもあった。

範資の摂津守護の在任期間は、二つの時期にわたっている。最初の期間は、建武四年七月頃から暦応二年五月頃までである。そして、おおむね暦応二年七・八月頃から仁木義有が摂津守護を務め、翌暦応三年三月頃から範資が摂津守護に復帰し、亡くなる観応二年四月まで在職したことがわかっている。

観応元年十月から二年にわたり、足利尊氏が弟の直義と争った際（観応の擾乱）、範資・則祐兄弟は尊氏方に与して戦った。正平七年（一三五二）二月、観応の擾乱は直義の死をもって終結した。

範資の没後、家督を継承したのは円心の三男・則祐である。則祐の誕生年も不明であり、元応元年（一三一九）説（『花営三代記』）と文保二年（一三一八）説（『吉田家日次記』、『太清録』）の二つの説がある。史料の性質を考慮すれば、後者の文保二年説が有力である。則祐は赤松宮（護良親王の子）を擁立し、いったん南朝方に与する態度を見せたこともあったが、再び尊氏のもとに戻り、南朝との戦いに全力を尽くした。

則祐は尊氏のもとで、南朝勢力との戦いに従軍した。観応二年九月、尊氏は南朝との和睦を進めたが、交渉は不調に終わった（『園太暦』）。南北朝合一の交渉において、重要な役割を果たしたのが則祐である。同年十一月、尊氏と南朝との交渉の件が話題にのぼった際、和睦実現のために則祐がわざわざ播磨から上洛している（『園太暦』）。こうして同年十一月、尊氏は南朝との和睦を結び、後村上天皇から直義追討の綸旨を与えられた（正平の一統)。直義が亡くなったのは、翌年二月のことである。

†則祐と幕府

波乱の生涯を歩んだ尊氏は、延文三年(一三五八)四月に亡くなった。二代将軍に就任したのは、子の義詮(よしあきら)である。義詮も父の遺志を受け継ぎ、南朝との戦いに明け暮れたが、貞治六年(一三六七)十二月に病没した。その跡を継いだのが、義詮の子・義満(よしみつ)である。義満以降については、次章で詳しく取り上げることにしたい。

則祐が播磨守護を務めた期間は、おおむね観応三年七月頃から亡くなる応安四年(一三七一)十一月までで、さらに貞治四年(一三六五)二月頃から応安四年(一三七一)十一月まで、備前守護に任じられていた。それまでの備前守護は、松田氏や細川氏が務めていた。則祐は、播磨・備前の二カ国の守護を担当していたのだ。

なお、美作守護は、円心の次男・貞範が務めていた。それ以前は、佐々木氏が美作守護だった。貞範が美作守護を務めた期間は、おおむね延文元年(一三五六)六月頃から貞治三年(一三六四)三月頃までとされている。

『花営三代記』応安三年九月二日条には、則祐は禅律方引付頭人(ぜんりつかたひきつけとうにん)に任命されたと書かれている。禅律方は室町幕府の成立期において、足利直義の所管のもと、禅宗・律宗寺院や僧侶関係の訴訟を担当する機関として誕生した。禅律方には複数の頭人（長官）が確認されるが、その設置目的や機能などについては、あまりわかっていない。禅律方頭人として活動が比較的明らかなのは、直義のもとで頭人を務めた藤原有範（ふじわらのありのり）である。禅律方は直義の意思を直接反映させる機関だったが、直義は禅宗・律宗を同等に扱い、禅宗の特定の宗派に肩入れしなかったという。

観応の擾乱後に直義が没すると、禅律方の活動はほとんどわからなくなる。その後、幕府が禅宗の統制や整備に乗り出した。禅宗内部からも組織を整備する動きがあらわれ、やがて僧録を基盤とする五山制度が確立すると、禅律方の存在は形骸化していった。

しかし、いかに形骸化していたとはいえ、則祐が禅律方頭人を命じられたのは、これまでの軍功とともに禅宗への造詣の深さにあったと考えられる。

†則祐と義満

則祐が幕府から厚い信頼を得ていた事実は、二代将軍・義詮の子・春王（のちの義満）を播磨で擁護した点にも認められる。以下、『黙雲稿』によって述べることにしよう。

康安元年（一三六一）、幕府方の仁木義長、細川清氏が南朝に走った。十二月に南朝方の楠木正儀（まさのり）が京都に攻め込むと、義詮は後光厳天皇を奉じて近江へと逃れた。

当時、まだ四歳に過ぎなかった義満は伊勢貞継に養育されていたが、義詮は建仁寺大龍庵（京都市東山区）の蘭洲良芳に義満を託した。蘭洲は法衣で義満の姿を隠し、人目に触れないように注意深く行動したという。蘭洲良芳は、赤松氏と縁の深い雪村友梅の法系に連なる人物であった。そうした縁もあったのか、蘭洲良芳はかねて親交のあった北野（喜多野）行綱に義満を託した。

喜多野氏は播磨国揖東郡神（上）岡郷（兵庫県たつの市）の出身で、当初は新田義貞の配下に属していた。その後、自身が帰依した蘭洲良芳の執り成しもあり、則祐に仕えて本領を安堵され、その配下で奉行人を務めた。蘭洲良芳は行綱に命じ、義満を旅人に変装させると、則祐の居城・白旗城に届けさせた。その後、義満は三カ月にわたって播磨に滞在したのである。

播磨は義満にとって田舎でもあり、都とは比較にならないほど退屈だったに違いない。康安二年（一三六二）、一計を案じた則祐は家臣らに命じて、円心の命日である一月十三日（貞和六年・一三五〇）に風流を演じて義満を慰めた。風流とは仮装した人々が笛や太鼓を鳴らし、踊りを披露する民俗芸能の一種である。のちに、この風流は「赤松ばやし」、または単に「松ばやし」と称された。播磨に避難していた義満にとって、「松ばやし」は実に印象深いものがあった。

幼い義満が播磨下向中に「松ばやし」を楽しんだことは、『満済准后日記』永享元年（一四二九）一月十三日条に「この「松ばやし」のことは、義満殿がご幼少（六歳か）のときに播磨国へ下向した際、赤松氏の者たちが慰めようとして風流を催したといいます。それ以来、一月十三日を佳例として、赤松邸で毎年松ばやしを行うことになったのです」と書かれていることから明らかだ。

こうした経緯から毎年一月十三日になると、赤松邸で「松ばやし」が催された。のちに、「松ばやし」は室町邸でも行われるようになり、将軍をはじめ側近・幕臣そして僧侶らが見物するようになった。主として、下位の者が上位の者のところへ出向いて披露したという。大外記の中原師夏は、自身の日記『師夏記』貞治四年六月二十七日条で「則祐の養君」と記している。則祐は義満にとって、親のような存在だった。それゆえ、義満は幼少の頃から則祐の邸宅を訪ねるなど、親密な関係にあった。

余談にはなるが、則祐と将軍家との関係を示す例をもう一つ挙げることにしたい。応安四年（一三七一）四月、則祐は義詮らの妻である紀良子ら一行とともに、有馬温泉（神戸市北区）に入湯した（『祇園執行日記』）。同地で宿舎を提供したのは、則祐であった。則祐の所領は摂津国に散在しており、山口荘（兵庫県西宮市）もその一つである。

赤松氏略系図

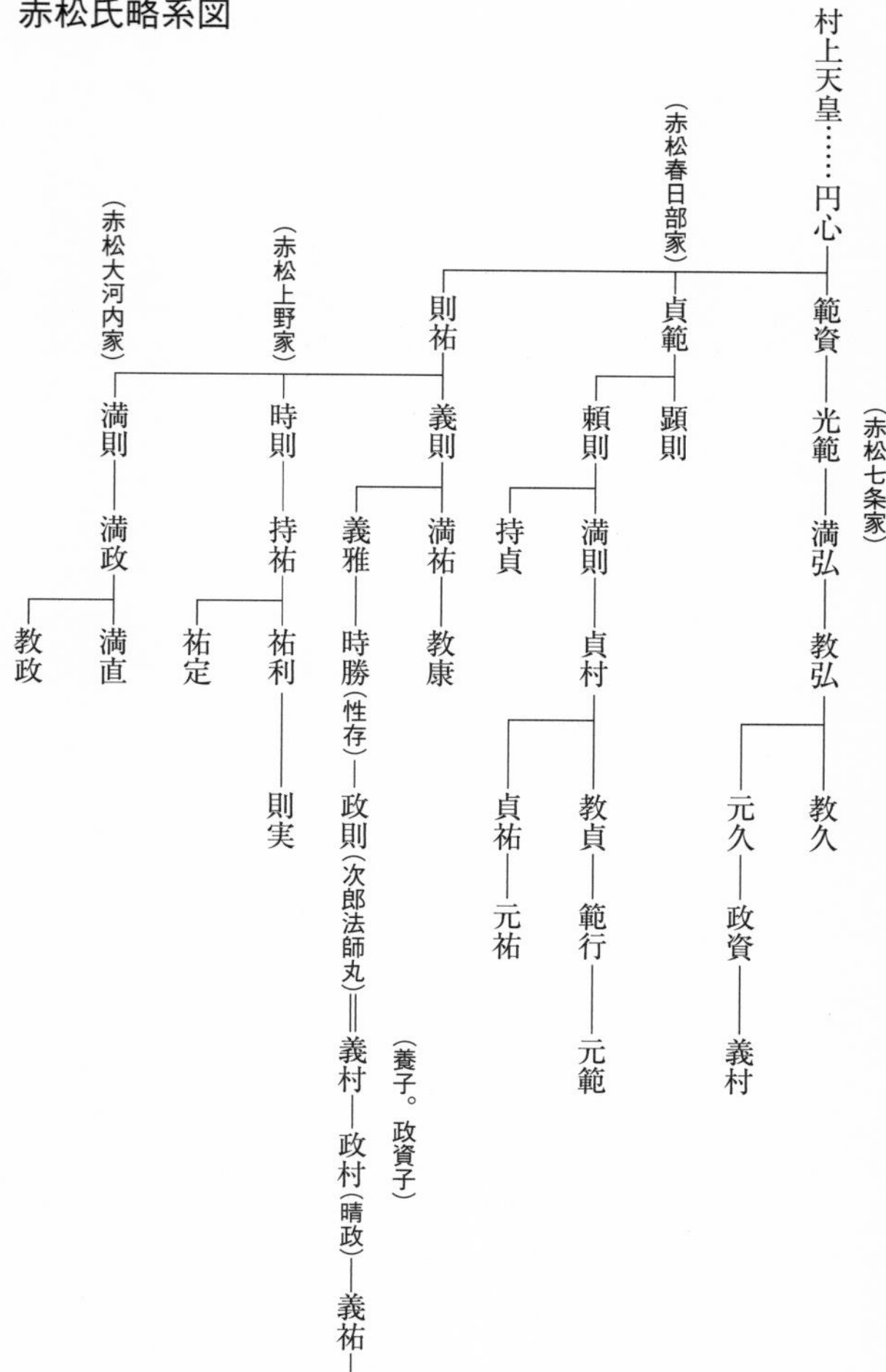
村上天皇……円心
範資
光範
満弘
教弘
教久
元久
政資
義村
（赤松七条家）
貞範
（赤松春日部家）
顕則
頼則
満則
貞村
教貞
範行
元範
貞祐
元祐
持貞
則祐
義則
満祐
教康
義雅
時勝（性存）
政則（次郎法師丸）
義村
（養子。政資子）
政村（晴政）
義祐
則房
時則
（赤松上野家）
持祐
祐利
則実
祐定
満則
（赤松大河内家）
満政
満直
教政

†室町幕府と赤松氏との関係

赤松氏が史上に登場したのは鎌倉時代末期であるが、以後は一貫して足利氏と行動をともにした。尊氏は円心らの助力を得て鎌倉幕府を倒し、そして尊氏が後醍醐と袂を分かつと、円心もともに建武政権を打倒すべく戦った。その貢献により、円心は播磨守護に補任され、幕府には欠かすことができない存在となった。

円心の没後、赤松氏の家督は範資、則祐と継承され、播磨守護に加えて備前守護にも任命された。また、赤松氏の一族は美作や摂津の守護に補任されるなど、幕府から厚遇されていた。右の諸国は京都にも近く、地政学的にも重要な地である。赤松氏がいかに幕府から重用されていたかを理解しえよう。

南北朝時代は、室町幕府が北朝を擁し、南朝と激しい戦いを繰り広げた。足利義満の仲介のもと、北朝と南朝が合一したのは、明徳三年（一三九二）閏十月のことである。それまでは両者の間で戦いが繰り広げられたが、いったん終息することになった。そして、義満の時代に至って、室町幕府は黄金時代を迎えたのである。

第二章　赤松満祐播磨下国事件

†三代将軍・足利義満

足利義満が誕生したのは、延文三年（一三五八）のことである。貞治六年（一三六七）十二月に父の義詮が亡くなり、三代将軍に就任した。いまだ南北朝の争乱は鎮まらず、二十歳の義満には補佐が必要だった。義満を補佐すべく管領を務めたのは、細川頼之（よりゆき）である。これまで将軍を補佐する職は執事と称されていたが、頼之の代から管領となった。

応安二年（一三六九）一月、頼之は南朝方の楠木正儀を誘降し、河内（かわち）・和泉（いずみ）守護に補任した。これにより南朝勢力の切り崩しを図ろうとしたが、北朝方の諸将から反発された。

一時、頼之は管領を辞そうとしたが、慰留したのが義満だった。とはいえ、その後も頼之は北朝諸将からの信頼を勝ち取れず、やがて義満からも疎(うと)んじられるようになった。康暦(こうりゃく)元年（一三七九）、頼之は失脚して更迭(こうてつ)され、斯波義将が管領に任じられた（康暦の政変）。頼之の失脚後、義満は本格的に親政を開始したのである。

こうして義満は、室町幕府の黄金時代を作ったが、その功績は多岐にわたる。そのなかで特筆すべきは、南北朝の合一を果たしたことである。明徳三年（一三九二）閏(うるう)十月、義満の斡旋によって南北朝合体が実現した。義満が提示した南北朝合体の条件は、次の三つである。

〈1〉三種神器を南朝の後亀山天皇から、北朝の後小松天皇に「譲国の儀」によって譲渡すること。

〈2〉皇位継承は、南北朝の交代で行うこと。

〈3〉南朝廷臣の経済援助のため、諸国の国衙領を与えること。

条件の〈1〉は、南朝が正統であったことを認めざるを得なくなるため、北朝にとっても手痛いところだった。条件の〈2〉も交代による皇位継承なので同様に違いないが、あえて後亀山は合体への道を選択したのである。

同年十月二十八日、賀名生(あのう)（奈良県五條市）を発った後亀山は、閏十月五日に内裏へ渡御した。駕輿丁（かよちょう）が三種神器を収めた輿（こし）を担ぎ、先頭に立って行列をなしたという（『南山御出次第』）。閏十月五日、三種神器は、後小松のいる土御門東洞院（つちみかどひがしのとういん）の内裏に渡御した（『御神楽雑記』）。三種神器が内侍所に安置されると三ヶ夜神楽が行われ、これをもって南北朝合一は無事に完了したのである。

その後、幕府と朝廷は、後亀山に太上天皇の尊号宣下を行うか否かで頭を悩ました。後亀山に太上天皇の尊号宣下を与えると、南朝が正式な朝廷であったことを認めざるを得なくなるからだ。しかし、後亀山に太上天皇の尊号宣下を与えることは、「譲国の儀」によるという、南北朝合体の絶対条件でもある。幕府と朝廷は南北朝合体を実現するために、この条件を守らなければならなかった。

幕府と朝廷は考え抜いた挙句、後亀山を即位しなかった天皇とし、尊号を与えることにした。窮余の策だった。後亀山を即位しなかった天皇と位置付けることは、南朝方にとって大きな屈辱であったに違いない。後亀山が強い不満を感じていたことは、容易に想像できる。こうした不満と、室町幕府による対南朝政策とが相俟って、やがて南朝復興の機運が高まった。その後、後亀山は京都を出奔し、後南朝として幕府に抵抗するのである。

†土岐康行の乱

足利義満は長期にわたる南朝との戦いに終止符を打ったが、その前後から有力守護の抑制に努めた。以下、土岐氏、山名氏、大内氏の例を取り上げることにしよう。最初は、土岐氏である。

土岐氏は清和源氏の流れを汲み、美濃国土岐郡を本貫の地としていた。十三世紀後半頃、土岐光定は北条貞時の娘を妻とし、北条氏に接近した。南北朝期に至り、光定の子・頼貞が足利尊氏に従って軍功を挙げ、美濃守護に任じられた。以後も土岐氏は美濃守護を世襲し、頼康（頼貞の孫）は美濃・尾張・伊勢の三カ国守護を兼ねた。こうして土岐氏は、室町幕府で強い存在感を示したのである。

土岐康行は生年不詳。初名（しょめい）は義行だったが、のちに康行に改めた。実父は頼康の弟・頼雄（よりかつ）だったが、家督を継ぐため頼康の養子となった。応安二年（一三六九）、康行は侍所沙汰始で奉行を務めたことが確認できる。康暦元年（一三七九）に細川頼之が失脚した際（康暦の政変）は、斯波義将に頼康とともに従った。嘉慶元年（一三八七）十二月、頼康が病没すると、康行は美濃・尾張・伊勢の三カ国守護を継承したのである。

ここまでの康行は順風満帆だったが、翌嘉慶二年に予想さえしない出来事が起こった。

その事件が土岐康行の乱（土岐氏の乱、美濃の乱とも）である。
康行が務めていた尾張守護の職は、嘉慶二年三月頃に突如として弟の満貞に与えられた。もちろん、これには理由があった。満貞は土岐氏惣領の地位を奪おうと考え、義満に康行と尾張守護代だった詮直（あきなお）（康行の従兄弟）の讒言（ざんげん）を行った。その結果、義満は康行の尾張守護を取り上げ、満貞に与えたという。これは土岐氏一族の内紛に乗じて、義満が土岐氏の勢力を削ごうとした結果であるといわれている。

むろん、康行はこの決定を素直に受け入れなかった。同年五月、満貞は尾張に入部しようとすると、詮直は康行からの援軍を得て、尾張黒田宿（愛知県一宮市）で満貞と交戦に至った。康応元年（一三八九）四月、義満は決定に従わなかった康行と詮直の行動に怒り、ただちに二人の討伐を決定すると、近江、美濃、飛騨の将兵に軍事動員を行った。二人の征伐には、土岐氏一族の土岐頼忠・頼益父子も従った。

満貞と頼忠・頼益父子以外の土岐氏の一族の多くは、康行と詮直に従ったという。翌明徳元年（一三九〇）閏三月、康行の籠る小島城（岐阜県揖斐川町）が落城した。これにより乱は終結し、康行は北国に落ち延びたという。そして、康行は残り二カ国の守護も更迭され、美濃守護は土岐頼忠、伊勢守護は仁木満長がそれぞれ任じられた。とはいえ、康行は命を奪われたわけではなかった。

翌年十二月には、山名氏一族の内紛に端を発した明徳の乱が勃発する（明徳の乱については後述）。明徳の乱には康行も出陣し、大いに軍功を挙げた。その軍功により、康行は伊勢守護に復活した。以降、伊勢守護は康行の子孫が断続的に継承したので、土岐氏は滅亡に追い込まれたのではなかった。土岐氏は一時的に没落したが復活し、三カ国守護から二カ国守護へと、その勢力が削がれたに過ぎなかったのだ。

†山名氏の家督問題

土岐康行の乱が終結した翌明徳二年（一三九一）、山名氏一族の内紛に端を発して明徳の乱が勃発した。まずは、軍記物語の『明徳記』などによって、その背景を探っておこう。

山名氏は清和源氏新田氏の流れを汲み、もとは上野国山名郷（群馬県高崎市）を本貫の地としたが、鎌倉時代における山名氏の史料は乏しく、不明な点が多い。南北朝の内乱期に至って、山名時氏（ときうじ）が足利尊氏に従って各地を転戦し、強い存在感を示した。一時、時氏は南朝方に走ったこともあったが、再び室町幕府の麾下（きか）に収まった。貞治二年（一三六三）九月、山名氏は一族で、丹波、丹後、美作、因幡（いなば）、伯耆（ほうき）の守護職に補任され、その後はさらに守護職を獲得し、最大時には十一カ国の守護に任じられた。

明徳二年の段階において、山名氏が一族で保持した守護職は次のとおりである。

〈1〉山名氏清（うじきよ）――山城、丹波、和泉、但馬（たじま）。
〈2〉山名満幸（みつゆき）――丹後、出雲、伯耆、隠岐。
〈3〉山名義理（よしただ）――紀伊、美作。

この段階において、山名氏は十カ国の守護職を保持していた。もう少し、この時代における山名氏について触れておく。

南北朝期に活躍した山名時氏は、丹波、因幡、伯耆の守護職を与えられ、評定衆、引付頭人として幕政にも参与していた。時氏が亡くなったのは、応安四年（一三七一）二月のことである。時氏の没後、嫡男の師義が家督を継承するが、五年後の永和二年（一三七六）三月に病没した。師義の没後、嫡男の義幸が山名家の家督を継ぐはずだったが、まだ幼かったということもあり、師義の弟・時義が山名家の家督を継承した。しかし、その時義も康応元年（一三八九）五月に死去した。時義の死は、

山名氏略系図

- 時氏
  - 師義
    - 氏幸―熙之―教之
      - 豊之―政之
      - 元之
    - 満幸
  - 義理
  - 氏清
  - 時義―時熙―宗全（持豊）
    - 教豊―政豊
      - 俊豊
      - 致豊
      - 誠豊
    - 是豊

山名氏一族に暗い影を落とした。

時義の死後、山名氏の家督と但馬守護を継承したのは、その子・時熙だった（氏幸は伯耆守護を継承）。しかし、氏清（時氏の四男）、満幸（師義の子）は、それを苦々しい目で見ていた。山名家の家督をめぐる内訌（内紛、内輪もめ）を感じ取った義満は、時熙が幕府の下知に従わないことを理由として、氏清と満幸に時熙の征伐を命じた。結果、時熙と氏幸は逃亡。氏清に山城、但馬守護、満幸に伯耆、隠岐守護を与え、一件落着となった。この措置により、義満は強大だった山名氏一族を分断することに成功したのである。

当時、山名氏が脅威だったのは事実である。一族で多くの国の守護を務めていたこともあるが、山名氏が山陰方面に多数の守護職を保持したことは、周防、長門などに守護職を持っていた大内氏にとって喜ばしいことではなかった。また、康暦の政変で力を削がれた細川氏にとっては、山名氏が瀬戸内海を臨む紀伊、和泉に守護を持ったことが脅威だったといえる。つまり、大内氏、細川氏は、やがて山名氏が山陽方面から畿内にかけて勢力拡大を図るのではないかと危惧したのである。

†明徳の乱の勃発

山名氏の一族は時熙を排除し、氏清、満幸、義理の三人で守護職を分有したが、ことは簡単に収まらなかった。

実は、義満が氏清、満幸に追討を命じた際、時熙と氏幸を赦免することはないと約束していた。しかし、逃亡していた時熙と氏幸は密かに上洛して、義満に許しを乞うていたのである。義満が二人を許すとの噂は、ただちに氏清らの耳に入った。当初の約束とは違っていたので、氏清らは激しく動揺したのである。氏清は京都宇治（京都府宇治市）の別荘に義満を招き、紅葉を観る予定だったが、二人の赦免の噂を耳にして中止した。

明徳二年（一三九一）十一月、噂は現実のものとなり、義満は時熙と氏幸を許した。それだけでなく、義満は満幸が仙洞（後円融上皇）領の出雲国横田荘（島根県奥出雲町）を押領したとして、出雲国守護職を取り上げたうえ、京都から追放したのである。こうして氏清と満幸は、たちまち窮地に陥った。

同年十一月、義満の討伐を決した氏清は、南朝に降伏することで「錦の御旗」を下賜され、義満を討つための名分を得たという。同年十二月十九日、氏清は和泉、満幸は丹波からそれぞれ軍勢を率い、七条から三条坊門大宮を経て京都に攻め込もうとした。山名氏の挙兵は直ちに幕府に報告され、迎え撃つ準備が進められたのである。義満は直属の馬廻衆三千余を率い、中御門堀川の一色氏邸に陣を置いた。

同年十二月三十日、幕府の主力（細川、畠山、大内の各氏など）が陣を取った内野（京都市上京区）において、両軍は戦った。結果、氏清は戦死した。満幸は丹波から侵攻したが、戦いに間に合わなかったので、そのまま因幡、伯耆方面へと逃走した。義理は義満から出陣しないものと思われていたが、結局は参陣した。しかし、天王寺（大阪市天王寺区）まで進んだところで、領国の紀伊へと引き返した。戦いは幕府軍の圧倒的な勝利に終わり、山名氏は無念にも敗北したのである。

戦後処理は、山名氏にとって屈辱的なものになった。反旗を翻した氏清、満幸、義理の守護職は剝奪され、剝奪された守護職は、次のとおり与えられた。

〈1〉山城――畠山基国。
〈2〉丹波――細川頼元。
〈3〉丹後――一色満範。
〈4〉美作――赤松義則。
〈5〉和泉、紀伊――大内義弘。
〈6〉出雲――佐々木（京極）高詮。

そして、但馬は時熙、伯耆は氏幸、因幡は氏家にそれぞれ与えられ、山名氏一族が保持する守護職は当初の十カ国から三カ国まで減ったので、義満は山名氏の勢力削減に成功した。義満が山名氏一族を完全に滅ぼすことなく存続を許したのは、ほかの守護への影響を懸念したからだろう。以後も義満は有力守護の勢威を削ごうと画策した。

†応永の乱と大内氏

次にターゲットになったのは、大内氏だった。ここからは応永の乱に関わった大内氏について、簡単に触れることにしよう。

大内氏の先祖は、推古天皇の時代に百済聖明王の第三子琳聖太子であるといわれている。琳聖太子は周防国多々良浜（山口県防府市）にやって来て、聖徳太子から多々良姓を賜ったと伝わっている。一説によると、大内氏の先祖は、鉄製錬技術を持った朝鮮半島の氏族であると考えられている。

十二世紀中頃、周防の国衙在庁の有力者である盛房が周防権介を世襲するようになり、やがて大内介と名乗るようになった。こうして大内氏は周防の国衙在庁を掌握すると、鎌倉御家人にも名を連ね、六波羅評定衆の一員にもなった。南北朝の内乱期になると、大内弘幸は鎌倉幕府に与して戦ったので、建武政権下においては冷遇された。周防守護に任じられたのは、一族の鷲頭（大内）長弘だった。

後醍醐天皇と足利尊氏の関係が悪化すると、大内弘幸は尊氏に与して戦った。弘幸は同じく尊氏に与した一族の鷲頭長弘と周防守護の座を争い、ついに南朝方に身を投じたが、観応二年（一三五一）に長弘が亡くなった。あとを追うようにして弘幸も、観応三年（一三五二）三月に死去。周防守護は、鷲頭長弘の子・弘直が継承した。

弘幸の没後、大内氏の家督を継承したのは弘世である。大内弘世は周防守護の座をめぐって、鷲頭弘直と交戦した。文和三年（一三五四）になって、弘世は弘直を制圧することに成功。さらに延文三年（一三五八）、大内弘世は長門守護の厚東氏と戦い、これを豊前に敗走せしめた。貞治二年（一三六三）の春頃、弘世は細川頼之の調停に応じて幕府方に転じ、周防、長門の守護に就任したのである。貞治五年頃には、さらに石見守護にも補任されたが、永和二年（一三七六）に取り上げられた。

弘世は大内氏の基盤を作り上げたが、康暦二年（一三八〇）十一月に亡くなった。その跡を継いだのが義弘なのである。とはいえ、義弘の船出は、決して安泰なものではなかった。義弘は康暦二年に豊前守護になっていたので、そのまま父の周防、長門守護を継承したうえで、大内氏の家督を継ぐはずだった。それに異を唱えたのが弟の満弘だった。

すでに康暦二年五月頃から、義弘と満弘の兄弟は不和となり、内戦状態になっていた。義弘は幕府の支持を得て戦いを有利に進め、同年六月に和解した結果、周防、長門、豊前守護を保ち、満弘は石見守護に就任することで、無事に解決したのである。

義弘は、幕府と友好な関係を築いた。康応元年（一三八九）に足利義満が厳島（広島県廿日市市）詣の途に就くと、義弘はこれに随行した。明徳二年（一三九一）の明徳の乱では大いに軍功を挙げ、義弘は新たに和泉、紀伊の守護職を獲得した。さらに翌年の南北朝合一では、南朝の和睦を仲介した。明徳四年十二月、こうした一連の功を認めた義満は、義弘を一族に准じる扱いとする御内書を与えたのである。

†応永の乱前夜

大内義弘は幕府と良好な関係を築き、決して侮れない存在になった。当時、朝鮮との交易は九州探題の今川了俊が担当していたが、応永二年（一三九五）に失脚した。失脚したのは、義弘と大友親世の讒言によるものといわれている。以後、義弘は幕府と朝鮮との通交に関与しつつ、朝鮮に大蔵経などを要求するなどし、同国との交易に深く関わるようになった。さらに義弘は中国・明との交易をも視野に入れていた。

こうして義弘は軍事力だけでなく、経済力も強大となり、幕府から抑制すべき対象とみなされるようになったという。

応永四年（一三九七）十二月、義弘の弟・満弘が幕府の命に従い、南朝方の少弐氏、菊池氏らを討伐すべく出陣したが、無念にも戦死した。その翌年、義弘は九州に出陣して少弐氏を討った。しかし、戦死した満弘の遺児には恩賞の給付がなく、義弘には不満だけが残ったという。これが応永の乱の遠因の一つになったといわれている。

一方の義満は強大化した大内氏を恐れるようになり、その勢力削減を考えるようになった。九州平定後、義満は義弘に上洛を促したが、義弘は上洛要請にすぐ従わず、情勢を見極めていた。応永六年（一三九九）十月、大軍を率いた義弘は、和泉堺（大阪府堺市）に到着した。義弘は上洛に際して、義満への対抗策を練り上げていた。義弘がパートナーとして頼みにしたのは、鎌倉公方の足利満兼だった。

かつて、鎌倉公方の足利氏満（うじみつ）（満兼の父）は、康暦の政変に際して義満を討とうと画策したが、関東管領の上杉憲春（のりはる）が諫止（かんし）したため断念した。結局、ことが露見したため、氏満は義満に謝罪の使者を送った。以後、氏満は関東の反対勢力を討伐し、さらに陸奥・出羽両国の支配権を幕府から委ねられるなどし、勢力の拡大を図った。氏満が「打倒義満」の思いを抱きながら亡くなったのは、応永五年十一月のことである。

そこで、義弘は今川了俊を通して、氏満の子・満兼（みつかね）と結託しようとした。結論を先取りすると、応永六年十月に満兼は義弘の要請に応じ、兵を率いて武蔵府中（東京都府中市）まで出陣したが、途中で関東管領・上杉憲定（のりさだ）に諫止された。結局、同年十二月に義弘が戦死したので、満兼は翌年三月に鎌倉に戻ったのである。

義弘は和泉堺に到着したものの、なかなか上洛しなかったので、謀叛の意があるという噂が広がった。不審に思った義満は禅僧の絶海中津(ぜっかいちゅうしん)を派遣し、その真意を質(ただ)そうとした。義弘は絶海中津に面会すると、謀叛の意を告げた。義弘が謀叛を起こした理由は、次のとおりである。

〈1〉義満が密かに少弐氏、菊池氏に対して、義弘の討伐を命じたこと。
〈2〉明徳の乱後に義弘に与えられた紀伊、和泉の守護職を取り上げようとしたこと。
〈3〉九州で戦死した満弘の遺児に恩賞がないこと。
〈4〉義満が義弘を上洛させて討伐する噂があること。

こうして、義弘と義満は堺で戦うことになったのである。

応永六年十一月八日、義満は細川満元(みつもと)、京極高詮(たかのり)、赤松義則ら八千余で構成される幕府軍を和泉に送り込んだ。義満自身は三万余の軍勢を率い、畠山基国、斯波義将らとともに本陣の東寺(京都市南区)まで進んだ。一方の義弘は堺で籠城戦を挑むことを決意し、防備を固めるため、方十六町(約一・七キロメートル四方)に櫓(やぐら)と井楼(せいろう)を無数に構築した。

関東では満兼が諸将に決起を促したが、先述のとおり途中で出陣を断念した。同年十一月二十九日に戦いがはじまり、両軍は激闘を繰り広げたが、なかなか勝敗は決しなかった。義弘の挙兵に呼応して、美濃の土岐詮直、丹波の宮田時清、近江の京極秀満(ひでみつ)も兵を挙げた。彼らもまた、一族内での処遇に不満を抱えていた。しかし、彼らの動きは幕府によって封じられ、直ちに鎮圧されたのである。

同年十二月二十一日、早朝から幕府方は義弘の軍勢に総攻撃を仕掛けた。結果、義弘は無念にも討ち死にし、弟の弘茂(ひろしげ)は降参した。こうして乱は終結したのである。

戦後、義満は大内氏の和泉、紀伊、石見、豊前の守護職を取り上げた。そして、次のとおり諸将に与えたのである。

①和泉――仁木義員(よしかず)。
②紀伊――畠山基国。
③石見――京極高詮。

なお、豊前は誰に与えられたのかは不詳である。周防・長門の守護職は、幕府に降参した弘茂に与えられた。ところが、弘茂が周防・長門の守護になったことに対して、盛見(弘茂の兄)は同意しなかった。盛見は弘茂の周防入国を拒み、交戦状態に入ると、応永八年に長門で弘茂を討ち取った。幕府は盛見が大内氏の家督を継承したことを認めざるを得ず、翌年に周防・長門の守護職を与えたのである。応永十五年、盛見は豊前の守護職も与えられた。大内氏の場合も山名氏と同じく、完全に滅亡に追い込まれたのではなく、兄弟に守護職が認められたことに注意すべきだろう。

室町幕府と赤松義則

ここまで見てきたとおり、義満は複数国を兼ねる守護を牽制すべく、家中(かちゅう)の内紛に付け込んで戦いを挑んだが、山名氏も大内氏も徹底的に叩き潰さなかった。降参あるいは従った一族に対しては、守護職を与えて存続を許した。義満が彼らを滅亡まで追い込まなかったのは、ほかの守護の反発を招きかねなかったからだろう。一族の内紛に介入して、幕府に反旗を翻した者だけを罰すればよく、従った者に一部の守護職を分与することで、バランスを保とうとしたと考えられる。

ここで、再び赤松氏の話題に戻ることにしよう。

応安四年(一三七一)十一月に赤松則祐が亡くなると、その跡を継いだのが義則である。義則は翌応安五年頃から、播磨、備前守護としての活動を確認できる。先に触れたとおり、美作守護になったのは、明徳の乱後の明徳三年(一三九二)のことである。これにより、義則は播磨、備前、美作の三カ国守護になった。なお、義則は摂津国有馬郡の分郡守護だったというが、それは誤りで、同郡を領有していたという理解になろう。

嘉慶二年（一三八八）四月、義則は室町幕府の重職である侍所所司を務めることになった（「阿刀文書」）。義則の侍所所司就任は、赤松氏歴代で初めてのことだった。赤松氏が侍所所司を務めた期間は断続的であり、次のようになる。

〈1〉嘉慶二年（一三八八）四月――同年八月頃までか。
〈2〉康応元年（一三八九）五月――明徳二年（一三九一）九月（実際は十二月頃までか）。
〈3〉応永六年（一三九九）十月――応永九年（一四〇二）二月まで。
〈4〉応永十三年（一四〇六）六月――応永十五年（一四〇八）十二月までか。

所司代はすべて譜代の被官人である浦上氏が務め、小所司代は大塩四郎左衛門入道がその職にあった。小所司代とは、所司代の配下でさまざまな実務を担っていたと考えられる。うち〈1〉〈2〉〈3〉の期間は浦上美濃入道（うらがみみのにゅうどう）が、〈4〉の期間は浦上美作入道性貞（うらがみみまさかにゅうどうしょうてい）がそれぞれ所司代を務め、ときに浦上氏は山城国守護代を兼務した。

また、義則は幕府方として、明徳の乱、応永の乱などに出陣し、大いに軍功を挙げた。幕府との関係も良好で、何ら問題はなかったのである。

†義満の死と新将軍・足利義持

義満は室町幕府の黄金時代を築き上げたが、応永十五年（一四〇八）四月二十七日に突如として病に倒れ、見舞いすら断る重篤な状態に陥った。同年四月二十九日、侍医の坂士仏の治療により快方に向かったが、五月一日には再び病状が悪化した。その後、快癒の祈禱が行われるなどしたが、義満は同年五月六日に亡くなったのである。死後、義満の遺骸は、相国寺の塔頭・鹿苑院（京都市上京区）に葬られた。

義満の後継者が子の義持であるが、実際には義満の在世中に将軍の座を譲られていた。応永元年（一三九四）十二月、義満が出家したことによって、義持はわずか九歳で将軍の座に就いたのである。とはいえ、それは実質を伴ったものではなく、相変わらず義満は実権を握り続けた。ようやく将軍として政治に臨んだのは、義満の死後である。

義持の政策は、父・義満の業績を否定することからはじまった。その概要を示すと、〈1〉義満に贈られた上皇の尊号を返上、〈2〉中国・明との通交を断交、〈3〉北山第を破却して三条坊門第に移したこと、などがあげられる。これまで義持の政策は、義満時代との断絶が強調されがちだった。一方で、義持は義満時代の先例（右大将任官など）を踏まえてもいるので、断絶ばかりに注目するのも問題があると指摘されている。

義満の死後は、鎌倉府に不穏な動きがあり、旧南朝勢力が大和、紀伊、南伊勢に隠然たる勢力を保持していたことも懸念材料だった。また、応永二十一年（一四一四）からはじまる北畠満雅の反乱、応永二十三年（一四一六）の上杉禅秀の乱、応永二十五年（一四一八）の足利義嗣（義持の弟）殺害など、後南朝や鎌倉公方が絡む、さまざまな事件が起こった。義持は、決して安泰ではなかったのだ。

北畠満雅の反乱は、後南朝方の満雅が北朝から後南朝に皇位を譲らないことに不満を抱き、幕府に反旗を翻したことに始まる。満雅には、沢氏ら大和の国人が味方した。応永二十二年（一四一五）義持は土岐持益ら幕府軍を伊勢に派遣したが、後亀山法皇の弟・説成親王の仲介によって和睦が成立し、満雅は許された。正長元年（一四二八）、満雅は彦仁王（北朝の後花園天皇）の践祚に不満を持った小倉宮（聖承、南朝の後亀山法皇の孫）を推戴して挙兵。鎌倉公方・持氏とも連合したが、敗死した。

上杉禅秀の乱は、応永二十三年に関東管領の上杉禅秀の家人・越幡氏が鎌倉公方・足利持氏に処分されたことが発端となり勃発した。結局、禅秀は関東管領職を辞し、関東各地の反持氏派を糾合して、同年十月に挙兵した。襲撃された持氏が駿河今川氏のもとに逃れると、禅秀は鎌倉を占拠した。室町幕府は持氏を支援すべく軍勢を派遣し、禅秀の軍勢を制圧。翌応永二十四年一月、禅秀は鎌倉で自害し、乱は終結したのである。

†弟・義嗣との関係

これ以前において、義持は弟の義嗣と複雑な関係にあった。応永十五年（一四〇八）三月、北山第に行幸した後小松天皇は、義嗣に天杯を下賜した。天杯とは、天皇が与える酒杯のことである。元服前に天杯を与えたことは、史上初の出来事であった。さらに、義嗣は同年三月二十四日に正五位下左馬頭に叙任されると、以後異例の出世を遂げている。その翌月、義嗣は内裏で親王の儀に准じた元服を行うと、参議従三位に昇進し、公家の仲間入りを果たした。義嗣は義持よりも、明らかに厚遇されていたのである。

しかし、義満が亡くなると、事態は義持の方に好転する。義満は後継者を指名していなかったため、幕府の重鎮・斯波義将の判断により、義持の家督継承が決定した。義持が安定した地位を獲得するまでは、複雑な経緯があったのだ。とはいえ、このまま何事もなく、事態が推移することはなかった。

義嗣殺害事件が起こったのは、応永二十五年一月のことである。先述のとおり、義満の生前、義持の弟・義嗣は義満の寵を受けていた。そうした影響もあったのか、徐々に義持と義嗣の溝は深まっていった。決定的だったのは、義嗣が上杉禅秀の乱に関わるなど、不穏な動きの嫌疑を掛けられたことだ。これにより義嗣は軟禁され、応永二十五年一月に富樫満成に謀殺されたのである。なお、この件に関しては、細川満元、山名時熙、畠山満慶、土岐康政をはじめ、一部の公家らが義嗣に同調していたとの疑いが掛けられ、処分された者もいた。

一連の争乱は、幕府あるいは将軍の問題だった。義持は義嗣の排除に成功したが、幕府の根底を揺るがしかねない事態だったのである。以後、義持は確固たる権力基盤を築いた。

†赤松満祐の父・義則の最期

応永二十五年一月の義嗣殺害事件に際して、義則は義嗣に与同したとの疑いを掛けられた。しかし、嫌疑が晴れたのか、何らかの処分を科されたわけではない。義持が将軍に在世している間、二人は良好な関係を築いていたといえよう。

こうして赤松氏は円心、範資、則祐で基礎を築き、義則の代に至って、さらに進展させたのである。この間、義則は明徳の乱、応永の乱をはじめとする数々の戦争で幕府から動員を求められたが、その鎮圧に大いに貢献した。山名氏や大内氏といった大守護が次々と没落していく中で、義則は巧みに生き残りを果たしたのである。ところが、その義則にも、ついに最期のときがやってきた。

応永三十四年（一四二七）九月二十一日、義則は亡くなった（『満済准后日記』）。詳しい死因などは不明である。同年十一月には、義則の尽七日（四十九日）が執り行われた。天龍寺、南禅寺などの住持を務めた惟肖得厳（いしょうとくがん）は、法要の法語の中で義則の「雲光院殿延齢大居士」の法名を記した（『東海璚華集（とうかいけいかしゅう）』）。惟肖得厳は義則の寿像（じゅぞう）に賛を加え、その人柄を絶賛しているが、少し割り引いて考えるべきなのかもしれない。

義則は数多くの五山僧と交友を深め、特に太清宗渭(たいせいそうい)を師と仰ぎ参禅していた。また、建仁寺内に龍徳寺(京都市東山区)を建てたことで知られる。建仁寺は、赤松氏に縁の深い寺院でもあった。義則の中陰(ちゅういん)(亡くなってから三十五日目の法要)は、三十五日後の同年十月二十六日に龍徳寺で執り行われた。奇しくもこの日、子の満祐は播磨下国事件を起こしたのだが、この点は後述することにしよう。

このように、赤松氏権力の基盤を形成した義則は天寿を全うし、子の満祐に赤松氏の家督は引き継がれる予定だった。次に、満祐の人物像について触れておこう。

三尺入道

ここまで赤松氏歴代の生年については、公家日記などに記された没年齢をもとにし、そこから逆算して導いてきたが、満祐の没年齢についての良質な史料はない。一般的に、赤松氏の諸系図は満祐が嘉吉元年(一四四一)に六十九歳で没したと記しているので、応安六年(一三七三)に誕生したと考えてよいであろう(『赤松系図[浅羽氏本]』『有馬系図』『赤松諸家大系図』)。

父の義則が生まれたのは延文三年(一三五八)のことなので、義則が十六歳のときの子供になる。当時、十六歳前後は元服する年齢でもあり、結婚していたことは珍しくないので、特に不自然さは感じられない。

満祐は嘉吉の乱に関与したこともあり、あまり良い人物として伝わっていない。たとえば、満祐について「身長最短、世の人三尺入道と号す」と記している系図もある（『赤松系図』）。満祐の身長はわずか一メートルにも届かず、世の人が嘲笑したということだ。満祐の身長は低かったのかもしれないが、身長が一メートルにも満たないというのはやや極端で、にわかに信じがたい。

『赤松系図』の話を信じたのか、江戸時代後期の歴史家である頼山陽（らいさんよう）の著作『日本外史』には、次のとおり満祐が「三尺入道」と呼ばれた逸話を載せている。

満祐は、形貌矮陋（けいぼうわいろう）（容姿が小柄であること）であった。義教は戯れに満祐を呼び出し、「三尺入道」と言った。満祐は宴に侍して酔って舞を舞い、「体が小さくても侮ってはいけない。私は三カ国の主である」と言った。これを聞いた義教は、ますます満祐を憎むようになったという。

この話に続けて、義教の猿の逸話が書かれている。義教は猿を飼っており、人が入ってくると猿を放ち、顔を掻かした。ところが、満祐は襲ってきた猿を切り捨てたため、義教は深く満祐を恨むようになったという。山陽がいかにしてこの話を知ったのかは、もはや知る由もない。いずれのエピソードも嘉吉の乱の伏線として、二人の険悪なムードを描いたと考えられ、史実とは認めがたい。

†三カ国守護職の行方

応永三十四年（一四二七）九月に赤松義則が没すると、その家督相続を巡って暗雲が漂った。これまでの赤松氏の家督相続の例を見れば、親から嫡男へとスムーズに受け継がれていったが、そうはならなかったのである。以下、事態を詳しく記した『満済准后日記』の同年十月二十六日条をもとにして、経緯を確認することにしよう。

応永三十四年十月二十六日の早朝、満祐は西洞院（にしのとういん）（京都市中京区）の宿所を焼いて、領国の播磨に下国した。龍徳寺においては、義則の中陰を行う予定だったので、醍醐寺の座主だった満済は「もってのほかである」と怒りの感情を表している。

当時、守護は在京して幕府に奉仕する義務があり、九州のほか、鎌倉府直轄下の東国諸国および関東国境諸国の守護を除き、従わなければならなかった。守護在京の原則である。したがって、満祐が将軍に断りもなく、無断で領国へ下国したことは、室町幕府に対する反逆とみなされた。満祐が下国した事情は以下のとおりである。

十月二十六日の早朝（実際は前日の二十五日の早朝と思われる）、義持は等持院（とうじいん）の院主、長老らを介して、南禅寺長老に「播磨国を将軍の御料国（直轄地）とし、その代官として赤松春日部家の持貞に預け置く」ということを告げた。南禅寺長老はその足で中陰が営まれる予定の龍徳寺に向かい、その旨を満祐に告げた。満祐は「（播磨が）代々の忠節によって拝領した領国である」という理由を告げ、義持に再考を促した。この間、三度のやり取りを行ったが、義持の考えは変わらなかったという。

そもそも守護の任免権は将軍の掌中にあり、「器量の仁（能力のある人物）」が一つの基準だった（『建武式目』）。要するに、守護には一国を治めるだけの能力が求められていたのだ。おおむね一三九〇年前後まで、守護は頻繁に交代していたが（地域にもよる）、やがて守護を務める家は世襲化していった。

この頃の守護職は相伝の職になっており、よほどのことがない限り、守護の嫡男が継承することになっていた。満祐は特に落ち度がなかったのだから、義持の命令に反発するのはいたしかたないことである。逆に、義持と持貞との深い関係を感じさせるが、持貞についてはのちほど触れることにしよう。

結局、満祐は二十五日の午後十時頃、龍徳寺を出て西洞院の宿所に戻った。そして、形だけ祝いの一献を行うと、そのまま丹波路に姿を消したというのである。つまり、播磨に向かったのだ。

二十六日の午前四時頃、細川持元の使者・河西大井入道が満済に言うには、満祐が播磨に下国したので、道を塞ぐように命令があったという。そこで、播磨方面にとりあえず軍勢を送り込んだので、その件で義持の許可を得るため満済に申し入れたのである。満済は使者さえも満祐が下国したことを知っていたので、大いに驚き「肝を冷やした」と感想を述べている。満済は、驚天動地の心境だったのである。

二十六日の午後六時頃、宿所に火を放った満祐は、雑人に「家内の財宝を自由に持ち帰ってよい」と指示したので、雑人は蔵を打ち壊して重宝などを持ち出した。その後、満祐は自邸に火を放って播磨に下国したので、満済は「満祐は冷静だった」と感想を漏らしている。『満済准后日記』の記述は時系列に混乱が見られるが、それは満済自身が動揺していたからかもしれない。

†赤松春日部家について

ここで赤松春日部家について触れておこう。赤松春日部家は、赤松円心の次男・貞範が丹波国氷上郡春日部荘（兵庫県丹波市）を所領とし、春日部殿と呼ばれたことから始まる。のちに代々「伊豆守」の受領官途を与えられたことから、「伊豆殿」とも称せられる。実際に「伊豆守」を名乗り定着するのは、赤松春日部家三代・持貞の甥にあたり四代となる貞村以降のようである。初代春日部殿・貞範自身は「雅楽助」「筑前守」を名乗り、貞範の嫡男の顕則も「出羽守」「越後守」を官途としていた。

先述のとおり、貞範は延文元年（一三五六）から貞治元年（一三六二）にかけて、美作国の守護であったことが指摘されている。貞範は赤松氏の一族にあって相当な実力者であり、それは赤松春日部家二代・顕則も同じだった。

顕則の動向については、『花営三代記』にいくつかの記事が散見する。応安五年（一三七二）には、将軍が六条新八幡宮（京都市下京区）へ社参する際、供奉人馬打次第を務めた人物として「赤松出羽守」とある。同じく永和元年（一三七五）には、将軍が石清水八幡宮（京都府八幡市）を参詣するに際して、近習の一員に「赤松出羽守」の名がある。両史料とも実名は記されていないが、この「赤松出羽守」は顕則と見て間違いない。

加えて、康暦二年（一三八〇）にも、布衣馬打参次第として「赤松越後守顕則」とはっきり実名が記されている。顕則は将軍近習として警護役のような役割を果たしていたと推測される。付言しておくと、顕則の官途が出羽守から越後守に変わったのが、永和五年（一三七九）三月二五日から康暦二年（一三八〇）八月二五日の間であったことが指摘できる。顕則の生没年は、残念ながら不明である。顕則の子・持貞の「持」の字は、将軍の義持から偏諱を与えられたものだった。

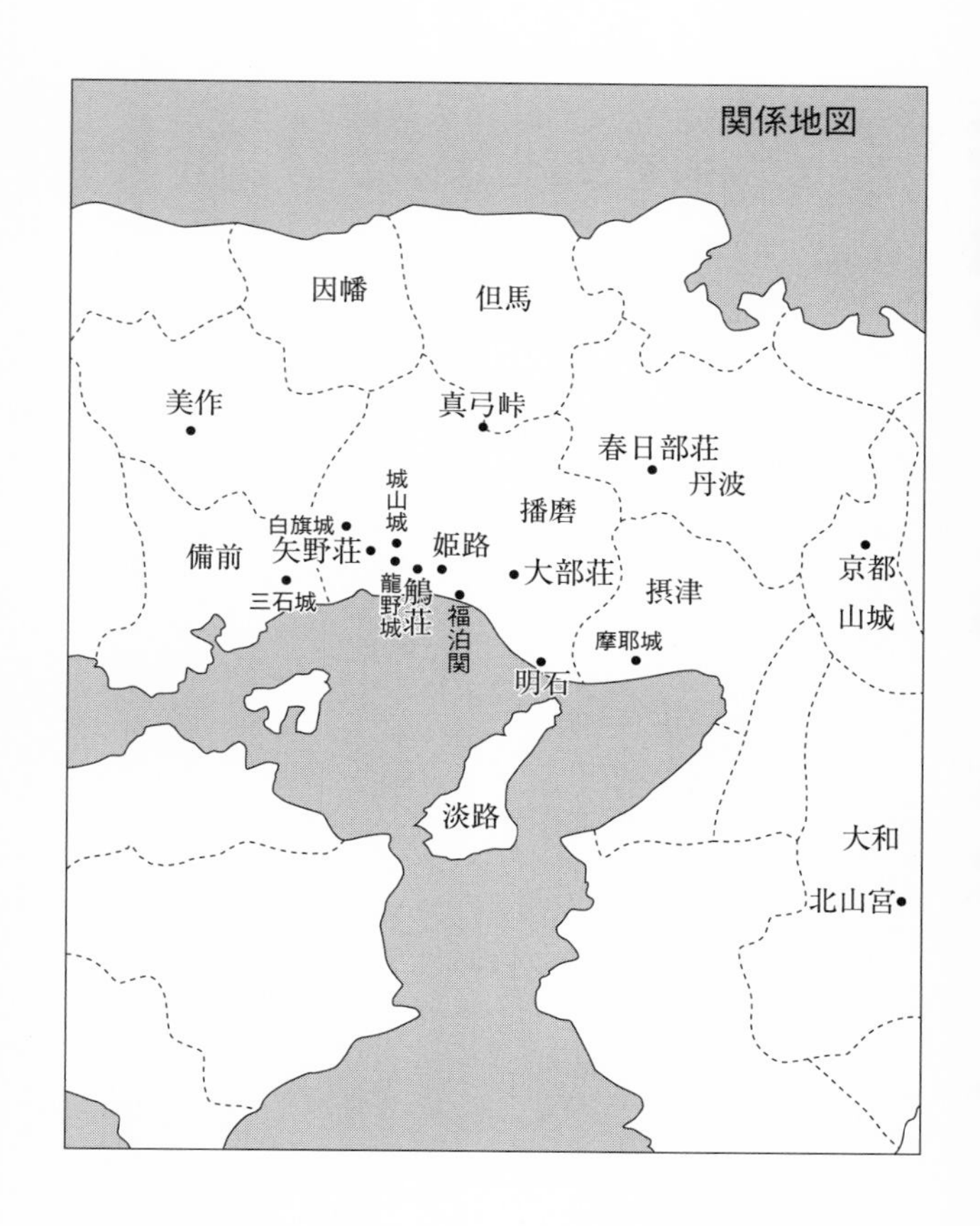

関係地図
因幡
但馬
美作
真弓峠
春日部荘
丹波
城山城
播磨
白旗城
備前
矢野荘
姫路
大部荘
摂津
京都
三石城
龍野城
鵤荘
福泊関
山城
摩耶城
明石
淡路
大和
北山宮

以降、赤松春日部家の一族は、将軍の近習として身辺に仕えることになった。つまり、赤松惣領家も赤松春日部家も、将軍の直臣であることに変わりがなかったのである。

†揺らぐ満祐

次に、『満済准后日記』を同年十月二十七日条で続きを確認しておこう。

十月二十七日の朝、満済は清和院（京都市上京区）にいた将軍・義持のもとを訪れ、事の顛末を報告した。報告を受けた義持は、短慮（考えが浅はかなこと）の至りであると述べた。さらに、満祐には備前・美作の二カ国が残ったのだから、この二カ国でもって幕府に奉公すればよかったものの、短慮によって「正体がなくなった」と感想を漏らした。「正体がなくなった」とは、正常な精神状態でなかったことを意味する。義持からすれば、満祐から播磨を取り上げたことは、さほど大した問題ではなかったのかもしれない。

満祐が播磨に下国したので、義持は残りの赤松氏領国（備前、美作）について、備前を赤松美作守（満弘）に、美作を赤松貞村に与えることを決定した。二人は、ともに赤松氏の庶流だった。そして、満祐を「もってのほかの粗忽（軽率なこと）」とし、満祐の討伐を山名時熙と一色義貫に命じたのである。これまで赤松氏は幕政の一角を担う重要な存在だったが、もはや反逆者として討伐の対象になったのだ。

翌二十八日、山名時熙と一色義貫は討手として、十一月四日に出陣する予定となった。赤松貞村と赤松満弘も、同じ日に播磨に向かった。一方、赤松氏方である備前国守護代の小寺氏と小河氏（播磨国衙眼代）は、早々に降参したことを伝えている。二人は赤松氏に勝算なしと考え、即座に幕府の軍門に降ったのである。

ところが、満祐の決意は早くも揺らいでいた。同年十一月三日、満祐は管領の畠山満家に書状を届け、三カ国のうち播磨国だけを残してほしいと懇願して赦免を請い、戦いの準備を進めたことを軽率であったと反省の意を示した。そのほか、二、三のことが満祐の書状に書かれていたようである。当初、思い切った行動に出た満祐であったが、冷静に考えて後悔したのであろう。しかし、満祐の要望や赦免の懇願は受け入れ難いもので、申し出は拒否された。

同年十一月四日、山名時熙は満祐を討つため、京都を出発して領国の但馬国へ向かい、同国朝来(あさご)郡から播磨国に攻め込む準備を整えた。一色義貫も出陣の準備を進めていたが、にわかに満裕の討伐は中止となった。討伐が中止となった理由は不明である。

十一月六日の夜、飯尾備中入道が戦況の報告のためやって来た。それは、満祐の勢力が意外に強力なため、厄介なことになっているという事実だった。多方面から同時に満祐を攻撃すべきであるが、幕府勢が無勢であることに加え、四国勢（細川氏の勢力）がいまだに上洛していなかった。当時、淡路、阿波、讃岐、土佐の守護は、細川氏が務めていた。幕府は細川氏の軍勢を待ち、海上・陸上から播磨に攻め込むことを計画していたので、合戦が遅延していることについて、義持は連日のように諫言(かんげん)を行っていた。出陣の態勢が整わないことは、義持にとって予想外のことだった。

幕府軍の主体は、山名氏と細川氏の軍勢だった。彼らの働きなくして、満祐の討伐が進まなかったのである。ところが、幕府の満祐に対する攻撃は、思わぬ理由によって中止することになった。その原因は、播磨国を与えられた赤松持貞にあった。いったい持貞とは、いかなる人物なのであろうか。

†赤松春日部家・持貞の厚遇

応永三十四年(一四二七)九月二十一日に義則が亡くなるまで、赤松氏は幕府政治に協力し、将軍から厚い信頼を得ていた。

満祐の代に至ると、突如として播磨国を正当な理由なく幕府に取り上げられ、赤松氏一族の持貞を代官に任命した。赤松春日部家の流れを汲む持貞の父は、頼則だった。頼則は円心の孫だが、比較的影の薄い人物で史料が乏しいため、その動向はあまり詳しくわかっていない。一方、子の持貞は足利義持から「持」字の偏諱を与えられるなど、寵を受けた。

将軍による持貞への肩入れが、のちに大きな混乱をもたらす。

持貞が初めて史料にあらわれるのは、応永二十三年（一四一六）のことである。持貞は、伏見大光明寺（京都市伏見区）に参詣した将軍・義持の「御供申す大名」として登場する（『看聞日記』）。赤松春日部家は近習としての役割を果たし、やがて御供衆に登用された。将軍の直臣である赤松春日部家は、守護とほぼ同格に扱われ、赤松氏惣領家と比肩するような存在になったのである。

持貞が足利義持から厚遇された例として、美濃国気良荘（岐阜県郡上市）を御料所（室町幕府の直轄領）とし、拝領した事実を挙げることができる（『満済准后日記』）。それまで、美濃国守護の土岐持益は気良荘を知行していたので、義持に従前どおりの安堵を懇願したが、義持は知行人の欠けた美濃国の闕所地をもって、気良荘に代えたという。

応永三十三年（一四二六）、足利義持は六条八幡宮（若宮八幡宮。京都市東山区）へ神馬を引き進めたが、そのときに奉行を担当し、奉書を発給したのが持貞であった（『満済准后日記』）。満済は将軍に近侍しており、「黒衣の宰相」と称されたほどの僧侶だった。持貞は満済の日記にたびたび登場するようになったことから、政治的にも重要な地位を占めることになったのは明らかである。

満祐が播磨を取り上げられたのは、決して偶然ではなく、持貞から義持に要望されたものだったのかもしれない。応永三十四年（一四二七）二月、持貞は清水寺（京都市東山区）の勝軍地蔵（しょうぐんじぞう）に祈禱を捧げた（『満済准后日記』）。この祈禱は、持貞の夢想によって行われたという。同年三月には、六条八幡宮で延暦寺（滋賀県大津市）の僧正である定助に依頼し、不動小法を修せしめた（『満済准后日記』）。こちらも、持貞の別願によるものであると付記されている。

　こうした持貞の動きは、将軍の威光を背景にして満祐を排除し、自らが播磨国守護になることを願ったものであると指摘されている。

　これまで複数の守護を兼ねる者は、山名氏や大内氏のように幕府から警戒された。赤松氏も三カ国の守護を兼ねていたので、警戒されていた可能性がある。重要なのは、播磨を満祐から取り上げた際、赤松氏一族の持貞が代官に任命されたことだ。

　義持は播磨国を御料所とし、持貞に守護職ではなく代官職を与えることにより、播磨一国を領有することになった。一カ国を御料所とすることは、前例のないことだった。満祐は三カ国の守護職を領有していたとはいえ、本国の播磨を取り上げられることに対して、決して承服しなかった。その理由は、さらに持貞が義持のもとで威勢を伸長することがあれば、満祐が保持する残りの備前、美作の守護職も剝奪され、持貞に与えられる可能性を懸念したからに違いない。

幕府軍と満祐軍は交戦に及ぼうとしたが、事態は思いがけない形で終結した。以下、『満済准后日記』をもとに顚末をたどってみよう。

†遁世者の密告

応永三十四年（一四二七）十一月十一日、義持に持貞から子細の申し入れがあった。前日の十日の件（後述）について、持貞が参上して説明したいというので、翌日参上するよう伝えたが、その十日の件とは前代未聞の出来事だった。翌十二日、持貞の使者・波多野氏が十日の件の報告のため参上した。本来、持貞が参上して説明すべきであるが、憚るところがあったので、使者が報告することになったという。

十日の件とは、次のようなことだった。義持が畠山満慶の邸宅を訪れた際、御所の門前で一人の遁世者（とんせいしゃ）が訴状を提出した。遁世者は、「高橋殿の御文である」と言って差し出したので、畠山七郎がこれを受け取り、義持に進上した。高橋殿とは、父の三代将軍・義満の側室である。北野高橋（京都市北区）に邸宅を構えていたので、高橋殿あるいは北野殿と称されていた（義満が存命中は西御所と呼ばれていた）。その後、遁世者は何処（いずこ）かへ去り、行方知れずになった。

訴状には、持貞に関する三カ条の事書きが記されており、それはいずれも女性関係についての内容であった。そこで翌十一日、詳しく女性に事情を尋ねたところ、口頭ではなく告文（自分の言動に虚偽のないことを神仏に誓ったり、相手に表明したりするために書く文書）で申し入れたとのことであった。

満済は持貞を救おうと考えたが、すでに切腹させるとの噂が流れたほどだった。満済は御所を訪れ、持貞の助命を申し入れた。そもそも虚実も不明であるので、まず事実関係を究明して、追って沙汰を下すよう義持に要請したのである。しかし、義持が言うには、持貞の女性問題は明らかな事実であり、関係した女性には尋問をしたので、その罪は明白であるとの見解だった。そのうえ、持貞に空起請（偽って誓いをたてること）をさせることはあまりに不憫なので、この件はこれでおしまいにしたいというのが義持の意向だった。

✝義持と持貞、蜜月の終わり

持貞の女性問題について、義持と満済の考えは異なっていた。満済は事実確認がまだ十分でないと考えたが、義持は関係した女性から事情聴取をしたので、持貞の女性問題は紛れもない事実と断じたのである。

十一月十三日の朝、満済は再び義持のもとを訪れ、持貞の助命嘆願の申し入れを行った。今度の件で、女性問題を引き起こした持貞を都から離れた土地に追い払い、一命だけは助けるべきであると進言した。しかし、義持の態度は硬化しており、話し合う余地はないとしたうえで、速やかに処置（持貞の切腹）すべきことを命じたのである。これは、「神御誓約」との主張だった。

満済は持貞の切腹の件を考え直すよう食い下がり、高野山（和歌山県高野町）へしばらく隠居させてはどうかと提案した。満済は持貞を高野山に向かわせる準備を進め、高野山の智荘厳院に内々に申し入れて快諾を得た。ほとぼりが冷めるまで様子を見ることは、管領の畠山満家も賛成していたが、満済の希望は見事に断たれる。すでに、義持は持貞に切腹を命じており、もはやどうしようもない事態に陥っていた。

結局、持貞は切腹し、波多野、稲田、首藤、青津、河島といった十名の配下の者も、持貞に殉じて切腹した。切腹の際に稲田は自ら邸宅に火を放った。稲田の最期については、多くの人が賞賛したという。持貞らの死により、京都市中は騒然とし、管領以下の諸大名の軍勢が馳せ参じた。六角堂（京都市中京区）、因幡堂（同下京区）、祇陀堂（同中京区）、誓願寺（同中京区）などでは、早鐘が撞かれたという。

満済は持貞の助命に手を尽くし、死罪ではなく追放に止めることを願ったが、義持に受け入れられなかった。満済はこの件について「天魔の所行」であり、浅ましいと悲涙した。

持貞の跡は、子である家貞が継承することになったが、家貞以降の子孫は振るうことなく、史料上から姿を消すことになる。

†許された満祐

一方で、満祐の討伐準備は粛々と進められていた。応永三十四年十一月十日からは、満祐の討伐を祈念して、三壇法が法身院（京都市伏見区）の門跡によって執り行われた。もはや満祐の命運は尽きたかに思われたが、状況は一転する。二十五日、満祐は義持に起請文を捧げるべく、使者（浦上三郎左衛門）を上洛させたところ、すでに管領の畠山満家の口添えもあり、今回の一件は許されたのである。

義持は満祐に細川持元とともに上洛するよう命じた。『薩戒記目録』にも「赤松左京大夫恩免事」とあり、情けによって罪を許されたことがわかる。義持は持貞に自害を命じ、さらに満祐を討とうとしたが、周囲の説得に応じて満祐を許したのだろう。

十二月十七日の夜明け頃、満祐が京都に到着したが、浦上三郎左衛門に託した満祐の起請文は、読まれておらず、管領・畠山満家の手元にあった。義持が読みたいとの意向だったので持参しようとしたが、北野天満宮（京都市上京区）に参詣していたので、戻ってから届けることになった。

満済は満家に乞うて、満祐の起請文を実見した。そこには、これまでも義持に不忠ではなかったが、以後も不忠をしない旨が記されていた。満祐は以前のとおり、義持に忠節を尽くすことを誓ったのである。結局、義持は北野天満宮で起請文を読むことになり、早々に届けられた。その結果、「時宜相違なし」（問題なし）ということで、起請文は社頭に籠られた。天満宮に満祐の起請文を納めた理由は、もし満祐が再び反旗を翻すことがあれば、呪咀・調伏の対象にするという意味である。

次に、但馬に在陣中だった山名時熙に使者を遣わし、赤松氏が赦免された旨を知らせることになった。そこで、どの長老を派遣すべきかが話し合われ、勝定院（相国寺塔頭。京都市上京区）主の持西堂がいいだろうという結論になった。そして、満済が依頼に行くことになり、御書は管領から届けることにした。義持は、翌十八日に山名時熙のもとに向かうよう持西堂に命じたのである。

十七日の朝には、細川持元が上洛してきた。持元は千余騎の軍勢を率いて、須磨（神戸市須磨区）に出陣する予定だったが、義持の命によって取り止めた。山名氏と細川氏が出陣を取り止めたので、赤松氏討伐の中止が実現したのである。とはいえ前月の十一月の段階において、細川氏の軍勢はすでに兵庫（神戸市兵庫区）に陣取っており、兵庫関で狼藉を働いていた。先に出陣していた武田氏は兵庫関の安全を考え、警固する人を増やしたが、皮肉なことに食糧が不足するありさまだったという（「東大寺文書」）。

十二月十八日、満祐は畠山満家に伴われて、義持との面会を果たした。これにより、両者は関係を改善したのである。満祐は将軍からの信頼を回復し、翌正長元年（一四二八）八月に侍所所司に任じられ、沙汰始を行った（『建内記』）。

†年貢の返還請求

満祐が引き起こした播磨下国事件は、単に幕政のみならず、播磨国内に多大なる悪影響を及ぼしていた。以下、「東寺百合文書」および「東寺廿一口供僧方評定引付」により、播磨矢野荘（兵庫県相生市）でどのような影響があったのかを確認しよう。矢野荘は東寺（京都市南区）領荘園として知られており、単に荘園の研究で重要なだけでなく、南北朝以降は播磨守護の赤松氏との交渉をうかがい知る史料が豊富である。

応永三十四年（一四二七）十二月十八日、東寺方では満祐が義持と和解した情報を得ていた。気になるのは、赤松氏の居城・白旗城（兵庫県上郡町）には、矢野荘から年貢として八十石が納められたことである。その件について、十二月二十日に満祐の折紙（書状）が東寺に出されたのであるが、これは何を意味するのだろうか。

同年十二月付で、東寺の雑掌（荘園の年貢徴収を担当する者）が申状を作成した。内容は矢野荘の年貢八十余石を白旗城に納めたことについて、返還を求めたことを報告したものである。同年十二月八日に書状で申し入れたものの、いまだに年貢は返還されていなかった。そこで、白旗城中に対して、赤松氏奉行人に年貢の返還を求める奉書を申請するよう要求したのだ。この年貢は赤松氏が幕府軍と戦うための戦費として、借用したものだろう。結局、戦争がなくなったので、東寺雑掌は年貢の返還を求めたのである。

翌応永三十五年二月十二日、東寺雑掌の申し出を受けて、赤松氏の奉行人奉書が赤松氏の配下で年貢の徴収などを担当する小河玄助に送られた。内容は、矢野荘から白旗城に納められた八十石の年貢について、東寺から連日のように返還が求められているので、半分の四十石を返却するよう命じたものである。城衆との交渉は、玄助に委ねられた。この奉書を受けた玄助らは、飽間氏に対して四十石を東寺に返還するよう求めた。

†矢野荘への過重な負担

矢野荘が赤松氏の兵糧米を負担したことは、応永三十五年(一四二八)二月に作成された矢野荘供僧方年貢等算用帳で明らかになっている。

その前年の応永三十四年(一四二七)十月二十七日、守護代方は「物忩(物騒)」という理由により、矢野荘に陣夫として五人を派遣するよう求めた。「物忩(物騒)」というのは、満祐が無断で播磨に下国し、幕府と対立したことである。矢野荘は懇願して陣夫を二人にしてもらったが、その期間は十月二十九日から十二月二十三日までの約二カ月だった。こうした戦争準備の負担は、その後も続いた。同年十一月二日には、矢野荘の田所（荘園の実務の担当者）玄瞬が、播磨の守護所がある坂本（兵庫県姫路市）へ出向き、兵糧米が掛けられたことに対して抗議した。守護所からの回答は、寺社本所領すべてに兵糧米を掛けたので、矢野荘だけに掛けないわけにはいかないということだった。その後、白旗城から山里（兵庫県上郡町）の倉まで兵糧米を運搬することになったが、その際の人夫役も矢野荘に掛けられたので、多大な負担となった。

むろん、負担はそれだけではなく、赤松氏の城山城（兵庫県たつの市）の普請に際しても人夫が徴発され、藁、縄、竹などの供出も求められた。この間、徴発された農民は農作業ができなくなることに加えて、矢野荘にも接待費などの諸経費が重くのしかかった。赤松氏が幕府に反旗を翻したことの、思わぬ余波であった。

応永三十五年三月十五日になると、東寺に年貢が返還されていないことが問題となる。同年三月五日、赤松氏奉行人の上原氏に問い合わせたところ、もはや満祐に披露するまでもなく、年貢の返還は不可能とのことだった。

東寺側はとにかく返還を依頼すべく、上原氏に相談した。すると、上原氏は飽間氏に対して、白旗城に納めた八十石の年貢のうち、二十石を返還するよう求めた。飽間氏は配下の奥氏に同様の指示をして、三月十八日に二十石が東寺に返還されたのである。当初、四十石の返還を求めたのだから、その半分しか戻ってこなかった。東寺サイドとしては、大きな痛手だったことだろう。

この間、東寺から上原氏に対して礼銭が支払われたが、矢野荘の代官に対しては、二十石から得分（手数料）を払うことがなかった。

†播磨下国事件の不可解

このようにして、応永三十四年の赤松満祐の播磨下国事件は終結した。その後、満祐は侍所所司に復帰し、何事もなかったかのように幕政に参与した。満祐の播磨下国事件は、何をもたらしたのだろうか。

そもそも事の発端は、義持が満祐から播磨を取り上げて御料国とし、代官に赤松氏一族の持貞を任命するという不可解な出来事だった。義持の寵を得ていた持貞がそうなるよう仕組んだ可能性はあるが、事情がよく分からない。しかし、この義持の判断は、大方の支持を得られなかったように思う。というのも、義持の判断は身勝手なもので、赤松氏が幕府に反旗を翻したわけでもなく、討つための大義名分がなかった。むろん、満祐が無断で播磨に下国したことは幕府への反逆の意思表示だったかもしれないが、赤松氏に同情が寄せられたのは満済の助命嘆願から明らかである。

山名氏や細川氏は播磨に出陣したが、赤松氏が強硬な姿勢で臨んだことは、厭戦ムードを漂わせたに違いない。義持は赤松氏の討伐を命じたものの、ほかの守護が積極的に出陣した形跡が見られないのは、賛意を得られなかった可能性がある。

加えて、持貞の姦通事件の密告も、また不可解である。あまりにタイミングが良すぎる。義持はあれほどかわいがっていた持貞に切腹を命じ、逆に満済らは哀れんで助けようとした。史料的な根拠はないものの、持貞の姦通事件は義持が仕組んだもので、冤罪だった可能性もある。それゆえ満済らは、あまりの理不尽さに手を差し伸べようとしたのではないだろうか。義持からすれば、持貞にすべての責任を押し付けることで、満祐の事件の幕引きを図ったように思える。

結果、満祐は管領の畠山満家の執り成しで罪を許され、元のごとく三カ国守護に収まった。この事件は義持の判断ミスが原因となり勃発したもので、結局は大方の支持を得られなかった。赤松氏討伐が失敗すれば、義持の権威の失墜は免れ得なかったと考えられる。

一方の赤松氏も矢野荘で兵糧米などの徴収、年貢をめぐるトラブルが生じ、これはのちに正長の土一揆が勃発したことと、何ら無関係とは思えないのである。

第三章　籤引きで選ばれた新将軍

†足利義持の後継者問題

義持の晩年に持ち上がったのは、足利将軍家の家督継承の問題である。

応永三十年（一四二三）三月、義持は嫡男の義量（よしかず）に将軍職を譲った。義量が誕生したのは応永十四年で、十年後の応永二十四年に元服をした。この時点で、義量は正五位下・右近衛中将（うこんえのちゅうじょう）に叙位任官された。義量が跡を継ぐのは既定路線であり、早い段階で将軍職を譲った理由は、義持が父・義満の先例にならったからだといわれている。しかし、実際には義持が実権を握っており、義量の将軍職は虚名にすぎなかった。

一説によると、義量は大酒飲みであったといわれている。義量が十五歳だった応永二十八年六月、義持は義量の飲酒を諫め、家臣には酒を勧めないよう起請文を提出させたという（『花営三代記』）。これには否定的な見解も提示されているが、義量が健康を害していたのは事実である。応永三十二年（一四二五）二月、義量は在職わずか二年で没した。あまりに若くして亡くなったので、その生涯はあまりわからない。そして、義持が悲嘆したであろうことは、想像に余りあるところだ。

問題は、誰が足利将軍家の家督を継ぐかであった。義持にはほかに男子はなく、義量にも子はなかったので、義持が将軍に復帰する形で政務を執ることになった。しかし、義持には予想外に早く死期が訪れたのである。

応永三十五年（一四二八）正月、義持は風呂場で尻の疵を掻き破った。このことが原因で傷が熱を持って膨れ上がり、起居もままならない重篤な病状に陥った。六日までの義持は何事もなく、正月の行事をこなしていたので、まったく予想外のことだった。十六日になると、義持は早くも死を覚悟した。翌十七日になると、幕府の重臣や満済は、義持の後継者を決めざるを得ない状況になっていた。

義持の後継者問題は、幕府のもっとも大きな課題だった。というのも、応永三十二年二月に義量が亡くなると、鎌倉公方の足利持氏は自ら義持の後継者に名乗りを挙げていたので、幕府は強い危機感を抱いていたに違いない。ところが、義持は後継者となる子がいなかったにもかかわらず、次の将軍を指名しなかった。義持は死が迫っていたにもかかわらず、男子の誕生に望みを託し、将軍の座を譲りたいと考えていたのである。それには理由があった。

義量が亡くなった直後、義持は夢を見た。それは祖父の義詮から代々伝わる剣について、「子孫が続かない場合は神殿に奉納するが、続いた場合は奉納しない」という条件の二つの籤を引いたという。義持は「子孫が続いた場合は奉納しない」という後者の籤を見事に引いた。すると、その日の夜に男子が誕生したというのである。義持は自分が見た夢を信じ、自分が独断で後継者を定めることは、神の意志に背くと考えた。それゆえ、義持は後継者を最後まで指名しなかったのである。

義持が後継者を決めなかった理由は、ほかに二つあるといわれている。一つは候補者である義持の弟らは、将軍の器ではないということで、もう一つはたとえ義持が後継者を決定しても、重臣らが支えなければ意味がないという理由である。後者は、当主（この場合は義持）が独断で後継者を決められなかったことを示しており、興味深い。家臣の意向を踏まえなければ、次の新しい当主を決められなかったのである。

結局、義持は後継者を定めないまま、応永三十五年（一四二八）一月十八日に死を迎えた。義持の没後、幕府は籤により後継者を選ぶことを選択した。籤により将軍を選ぶということは、人智の及ばないことを神の決定に委ねることを意味する。

†籤で選ばれた将軍

義持の後継者を選ぶ籤引きは、その生前に実施されていたが、開封は死後に行うことになっていた。新将軍の候補者は、弟の青蓮院義円、相国寺永隆、大覚寺義昭、梶井門跡義承の四名が選ばれた。その名が示す通り、いずれも僧籍にあった。彼らは将軍になる芽がなかったので、出家せざるを得なかったのである。

応永三十五年（一四二八）一月十七日、厳封された籤が石清水八幡宮（京都府八幡市）に持参されると、管領の畠山満家が一通だけを持ち帰った。その翌十八日に義持が没した。管領以下諸大名が一堂に会したところで、籤が開封された。開封の結果、籤によって新将軍に選ばれたのが、義持の同母弟の義円（のちの義教）だった。

義円（義教）は、どのような来歴をたどった人物なのだろうか。

義円が義満の四男として誕生したのは、明徳五年（一三九四）である。母は三宝院坊官安芸法眼の娘・慶子で、嫡男の義持と同じだった。当時は特別な理由がない限り、嫡男が次の征夷大将軍を引き継ぐのが慣例ゆえ、嫡男以外は出家するのが習わしだった。義円も例に漏れず、応永十年（一四〇三）六月に天台宗の青蓮院（京都市東山区）に入室した。

　青蓮院は天台宗総本山比叡山延暦寺の三門跡の一つで、残りの二つは三千院（京都市左京区）と妙法院（京都市東山区）である。門跡寺院とは、門主（住職）が皇室、摂関家によって受け継がれてきた寺院のことで、非常に格式の高い寺院だった。青蓮院は、天台宗の開祖・最澄（伝教大師）が比叡山延暦寺を開いた際、僧侶の住坊の一つとして「青蓮坊」を設けたのがはじまりであるといわれている。

　義円は僧侶として順調に出世を遂げた。応永十五年三月には得度して、法名（義円）を名乗った。応永十八年七月には受戒し、応永二十年に准后宣下（じゅごうせんげ）を受けた。天台座主（比叡山延暦寺の貫主）となったのは応永二十六年十一月のことで、応永二十八年四月までその座にあった。その後は大僧正も務めたのだから、順風満帆だったのである。したがって、義円にとって、新将軍に選ばれたことは複雑な心境だったかもしれない。

　義持は鎌倉の持氏を猶子とすることを約束したというが、これは退けられたといわれている（『喜連川判鑑（きつれがわはんがん）』）。

†将軍の正統性

　籤の結果に基づき、義教は六代将軍に選ばれた。しかし、それまでの室町幕府では、僧籍にあった者が将軍に就任する前例がなかった。そのようなことも災いしたのか、義教の将軍就任に際しては、いくつかの問題が生じたのである。

問題とは、第一に義教の嗣立が報告されていないという、朝廷サイドの不満である。第二に、朝廷が法体の義教にふさわしい官位を与えることを、そして将軍宣下を行うことを拒否したことである。義教はいまだ無位無官の俗人にすぎず、髪も生えておらず、元服すら済ませていなかった。それゆえ髪が生え揃って元服することは、義教が将軍に就任する条件だったのである。朝廷からの宣下は重要な問題であり、義教は朝廷から将軍宣下を受けなければ、正式に征夷大将軍に就任できなかった。

そのような事情もあり、六代将軍の就任は遅れに遅れた。応永三十五年（一四二八）三月、還俗（僧侶から俗人に戻ること）した義教は「義宣」と名乗り、従五位下・左馬頭に叙位任官された。同年四月には従四位になったが、いまだに将軍宣下はなかった。

義教が将軍になったのは正長二年（一四二九）三月のことで、あわせて参議近衛中将となった。将軍宣下が遅れたこともあり、義教は将軍宣下以前の正長元年（一四二八）六月までさかのぼり、御判をもって天下の雑訴を成敗することを宣言した。

万里小路時房の日記『建内記』によれば、義教の対応に反対したのが、清原良賢である。良賢は後光厳・後円融・後小松の三天皇の侍読（天皇に学問を教える役）を務め、明経道を家学とする清原氏の流れを汲む人物である。良賢が反対した理由は、義教が将軍宣下なくして天下の政務を行うと、実力によって将軍に代わる者があらわれたとき、その人物に「権力の正統性がない」と指摘できなくなるからだった。将軍の称号と天下の政務判断は、不可分にしなければならなかったのだ。そのような正論を持ち出されたので、幕府は朝廷を決して無視できなかったのである。

朝廷や良賢が義教の将軍就任に際して正論を持ち出したので、義教はたちまち苦境に陥った。当時、鎌倉公方・足利持氏の威勢が伸長しており、後南朝の勢力もいまだに健在だった。この二つの勢力はまるで呼応したかのように、反幕府運動を繰り返した。特に、正長年間は政局の不安定さや一揆などもあったので、いっそう世情の不安を煽っていた。

義教の危機意識は、自身の名前にも反映されていた。義教はもとの「義円」から改名するとき、「義雅」「義規」「義英」「義宣」等のなかから、あえて「義宣」の名を選んだ。その理由は、「宣」の字が決断を意味し（「義」は足利家が代々用いる通字）、天下の政務を決断する将軍権力を象徴する文字であったからだといわれている（『建内記』）。義教の心意気を示す選択だった。

ところが、義教が選択した「義宣」の名も「世を忍ぶ」という語呂の悪さを嫌って、再度「義教」と改名した（『建内記』）。嘘か冗談のような話であるが、当時の人々は縁起を担いでいたのだ。義教は改名の文字に将軍の地位を象徴させていたと指摘されており、自身が専制的な将軍権力の確立を目指した強い意欲がうかがえる。

政治に意欲的だった義教

義教は複雑な過程を経て、新将軍に就任したが、政治には意欲的に取り組んだ。いや、意欲的すぎたかもしれない。義教の就任直後から、早くも難題が立ちはだかった。

正長元年（一四二八）、義教は管領・畠山満家の伊勢守護を解任すると、土岐持頼を守護として補任した。持頼は応永三十一年（一四二四）に女房との密通事件が発覚して逐電（ちくでん）し、伊勢守護を解任されたのだから、これは再任になる。持頼が復権した背景には、醍醐寺座主・満済による口添えがあったといわれている。

義教が持頼を伊勢守護に起用したのには、もちろん理由があった。正長元年（一四二八）、伊勢の北畠満雅が後亀山天皇の孫・小倉宮（聖承）を奉じ、幕府に戦いを挑んできたからである。南北朝合一の約束では、北朝と南朝が交代して、皇位を継ぐことになっていた。しかし、同年七月に称光（しょうこう）天皇が亡くなると、当初の約束を反故にして、後花園天皇（後小松天皇の猶子）が即位した。

そこで、義教は土岐持頼に対し、美濃守護の土岐頼益と協力して、北畠氏を討伐するよう命じた。その結果、満雅は同年十二月に伊勢岩田（三重県津市）で土岐氏の軍勢に敗れ、無念にも敗死したのである。このように各地で反乱者があらわれたとき、すぐに討伐をしなければ、室町幕府における将軍権力の低下が懸念された。したがって、早々に対処することが必要だったのである。

義教は、これまでの政治システムをも積極的に改めた。

当初、義教は重臣らの意見に耳を傾けながら政務を行っていたが、のちに将軍専制の志向を強めた。『満済准后日記』によると、義教は評定衆・引付頭人の再設置を求めたことが確認できる。評定衆は重要政務・訴訟を担当し、引付頭人は裁判を管轄する引付衆のトップだった。義教によるこの要望は、いったい何を意味しているのだろうか。

室町期に至って、管領の設置とその地位権限の強化に伴い、実質的に評定・引付の制度は形骸化していった。つまり、評定・引付制度の再設置は、管領の地位や権限の抑制を意図した義教の政策だったと考えられる。さらに、管領の配下にあった賦奉行（くばりぶぎょう）（原告の訴状と証拠書類を受け取り、引付へ配る奉行）を将軍の直属とし、将軍が訴訟受理の権限を独占した。こうした一連の政策から、義教の専制的な性格を読み取ることができよう。

恐怖に口を閉ざす公家たち

義教は専制的な性格を強めていたが、同時に神経質さが災いし、些細なことで人々を処分したので、守護や公家を恐怖に陥れた。いくつか例を挙げておこう。

東坊城益長（ひがしぼうじょうますなが）は侍読を務めたほどの公家だったが、二度も義教から不興を買った。一度目は永享元年（一四二九）九月、義教が春日詣をした際、密かにその行列を見物したことだった。二度目は翌年十一月のことで、義教の直衣始（関白・大臣などが勅許を受け、初めて直衣を着用すること）の際に笑ったことである（『看聞日記（かんもんにっき）』など）。これにより益長は、義教から所領を没収され、蟄居を命じられた。

永享五年六月、義教の行列が一条兼良邸の側を通過しようとした。ちょうど兼良邸の門前では、闘鶏（とうけい）（鶏を戦わせる競技）が行われ、多数の見物人で賑わっていた。しかし、それが通行の妨げとなり、義教は激怒した。あまりの腹立たしさゆえか、義教は洛中の鶏を洛外に追放するよう命じたのである。

有力公家の日野家も、義教から圧迫を加えられた。日野氏はもともと足利氏と婚姻関係を通じて、密接な繋がりを持っていた。それは義満以来の慣例だったが、義教は少しずつ日野家に圧力を加えていった。義教は青蓮院の門跡だった頃から、日野義資（よしすけ）（側室・重子の兄）と折り合いが悪かった。正長元年（一四二八）五月、義教は急に義資の所領を二カ所も取り上げ、蟄居を命じたのである。

それだけではない。義教の正室は日野栄子の姪・宗子だったが、夫婦関係は良くなかったという。永享三年六月、義教は突如として、側室だった正親町三条尹子を正室とした。日野家の影響力を排除するためである。

永享六年（一四三四）二月、義教の側室・日野重子（義資の妹）は、千也茶丸（のちの七代将軍・義勝）を産んだ。多くの人が重子の兄である義資の邸宅を訪問し、その誕生を祝したが、義教はあらかじめ義資の邸宅に見張りをつけており、訪問者をすべて調べていた。その後、義教は祝賀に訪問した公家らを、大量に処罰したのである。しかも話はそこで終わらなかった。同年六月、義資は何者かに襲われ、不慮の死を遂げたのである。

義資の不慮の死について、参議の高倉永藤はうっかり義教の仕業であると噂した。むろん、永藤の所業はすぐに義教の耳に入り、永藤は薩摩の硫黄島への流罪に処せられた。結局、永藤は二年後の永享八年一月に硫黄島で亡くなった。

中山定親は、自身の日記『薩戒記』に「義教が将軍になってから、難に遭った人は数えきれない」としたうえで、義教に処分された公家や僧侶など約八十人の名前を列挙した。

義教により、理不尽な処罰を受けたのは、公家だけではなかった。次に、主な例を列記することにしよう。
〈1〉永享六年十月——奉公衆の黒田高光が梅の銘木を義教に献上すべく運搬していたところ、途中で枝が一本折れてしまった。これにより、八名の関係者が処分された。
〈2〉永享七年二月——義教は山門騒乱(延暦寺の山徒が根本中堂に火をかけ、焼身自殺したこと)について口にしないよう命じたが、煎物(いりもの)商人が口外したため斬首とした。
〈3〉永享七年九月——義教の伊勢参宮(さんぐう)の際、御膳奉行が同行した。しかし、提供された料理がまずかったので、のちに御膳奉行は咎められて斬首となった。
些細な不手際から、義教により死に至らしめられた者は身分の貴賤を問わず、かなりの数に上った。その受難者は、二百名を超えるといわれている。伏見宮貞成による『看聞日記』には、「万人恐怖、言うなかれ、言うなかれ」と率直な心境が綴られている。当時の人々は、「次は、自分が罰せられるのではないか」と恐れていたという。

†将軍・義教と鎌倉・持氏の対立

義教による武将の討伐といえば、鎌倉公方の足利持氏を討った永享の乱が有名である。以下、その流れを追うことにしよう。

応永二十三年(一四一六)十月、持氏は関東管領の上杉禅秀と政治路線を巡って仲違いし、ついに戦いに及んだ。これが上杉禅秀の乱である。乱は翌年一月、禅秀が切腹することで収まった。以後、持氏は室町幕府の扶持を受ける京都扶持衆のうち、反抗的な態度を示した宇都宮、佐竹（山入）、常陸大掾、小栗、真壁、那須、結城白河、桃井の各氏を討とうとしたのである。

持氏が反対勢力を次々と粛清したので、義持は今川氏に持氏の討伐を命じた。ところが、応永三十年十一月に持氏が使者を上洛させ、義持に謝罪したので、翌年二月に両者は和解しことなきを得た。応永三十五年一月、病により義持が亡くなり、籤により選出された義教が後継者となると、再び室町幕府と鎌倉府の関係は悪化する。

持氏は自身も将軍候補と自負していたので、義教に対抗心を燃やしたのである。

正長元年（一四二八）五月、持氏が上洛するとの風聞が流れた。風聞というのは、持氏が幕府に反旗を翻すということだ。上杉憲実はこれを諫止しようとして、上野の新田氏が鎌倉に攻め込むと嘘を言った。持氏は上洛を取り止めたが、これが憲実との確執の遠因となった。両者の幕府に対する考え方には、大きな隔たりがあったようである。

翌年九月、鎌倉府は京都に使者を遣わし、義教の将軍職就任を祝おうとしたが、義教が将軍宣下を受けてから半年も過ぎていたので、披露は叶わなかった。同じ頃、陸奥国の足利満直が鎌倉府を打倒したいと幕府に申し出てきた。当時、満直は篠川御所として奥州を支配していたが、鎌倉府に対抗する姿勢を取っていた。幕府で審議すると、重臣らの意見は可否を巡って二つに割れたが、義教はこれを認めると回答した(『満済准后日記』)。鎌倉府と幕府との関係がよくなかったのは明らかであった。

正長二年に改元が行われ永享に改められたが、持氏は相変わらず正長の年号を使い続けた。これはまさしく幕府への反抗の証であった。持氏が永享年号を用いたのは、永享三年からである。この間、憲実は新年号を使わなかった謝罪として、二階堂盛秀を京都に派遣した。義教は陸奥国の満直への配慮もあって面会しなかったが、周囲の重臣らの説得により、ようやく面会に応じたのである。

†持氏の不穏な動き

その後も持氏の不穏な動きは続く。永享四年(一四三二)、義教は富士を遊覧したいとの意向を示したが、憲実は来年以降の延期を進言した。理由は義教が関東に攻め込むとの噂が広まっており、万が一の事態になることを恐れたからであった。結局、同年九月に義教は富士遊覧を決行したが、何事もなく京都に戻った。

永享六年三月、持氏は鶴岡八幡宮(神奈川県鎌倉市)に願文(がんもん)を奉納した(「鶴岡八幡宮文書」)。内容は関東における重責を担うため、武運長久などを願うオーソドックスなものであるが、文面には「呪咀の怨敵を未兆にはらい」という文言が含まれている。この「呪咀の怨敵」こそが義教であり、持氏が打倒幕府を願っていた証左とされている。

持氏は延暦寺（滋賀県大津市）と通じて、義教を呪咀していたといわれている。おまけに持氏は、延暦寺から上洛を勧められていた。というのも永享七年二月、義教は延暦寺が嗷訴（強訴。宗教的権威を盾に集団で要求、訴えをおこすこと）をたびたび繰り返すことに業を煮やし、根本中堂を焼き討ちにするという暴挙に出ていた。延暦寺は持氏と心を同じくし、義教を憎んでいたのだ。

同年十月、今川氏は幕府に対して、持氏に野心がある旨を報告した。以降、持氏は与党を形成するため、各地の国衆らを味方に引き入れようとしたが、ことは幕府に知られてしまい不首尾に終わった。一方、憲実は幕府との関係改善に腐心したため、持氏との関係が徐々に悪化したのである。

永享八年、信濃の村上頼清は守護の小笠原氏と領土問題で対立し、持氏に出兵の要請を行った。信濃は幕府の管轄下にあり、小笠原氏は幕府と近しい関係にあった。そこで、頼清は小笠原氏に対抗すべく、持氏を頼ったのであるが、憲実は「京都（＝幕府）への不義」であると持氏を諫めた。ところが、持氏は憲実の諫言を無視したので、憲実は自軍を率いて鎌倉府の軍勢による信濃への侵攻を食い止めたのである。

翌永享九年四月、再び持氏は信濃に侵攻しようとしたが、それは憲実を討伐するものとの噂が流れた。持氏の不穏な動きにより、憲実のもとには恩顧の武将たちが馳せ参じたので、持氏と一触即発の事態となった。同年六月、持氏は憲実と話し合いの場を作り、二カ月後に憲実が関東管領の座に留まることで表面的に関係を繕ったのである。

この間、憲実は子を領国の上野へと逃がしているので、実際には関係改善がならなかったとみるべきであろう。また、信濃では小笠原氏が村上氏に勝利したので、幕府は憲実の存在を高く評価するに至った。結果、持氏と憲実の距離はさらに離れたのである。

†永享の乱はじまる

永享十年（一四三八）六月、持氏の嫡男・賢王丸（けんおうまる）の元服が鶴岡八幡宮で執り行われ、「義久（よしひさ）」と名乗らせた。これがのちに大きな問題となった。

通例でいえば、鎌倉公方の嫡男が元服すると、将軍家から「義」以外の字を与えられていたが（今回のケースなら「教」になる）、持氏はその慣例を破ったのである。例のごとく、持氏は憲実の諫言に耳を貸さなかった。おまけに、将軍家が名乗る「義」の字を無断で用いることにより、将軍職を狙っているとの印象を与えたのである。

一方の義教も、なかなかの策略家である。義教は憲実を利用し、同時に篠川御所の満直を支持することにより、持氏を討伐しようとした。こうして永享の乱がはじまる。

同年八月、持氏が憲実を討伐するとの噂が流れたので、憲実は領国の上野を目指して落ち延びたが、持氏への反撃は自制していた。同年七月にすでに事態を予測していた幕府は、憲実に味方するよう諸将に命じ、翌八月には上杉教朝（のりとも）（禅秀の子）を大将にして持氏の討伐軍を派遣した。その際、後花園天皇は持氏の討伐を正当化する綸旨と錦の御旗を幕府に与えた。錦の御旗は、幕府方に与した満直が賜った。

上野国内では持氏方の一色軍と憲実とが交戦し、相模国内では持氏と幕府軍が激しく戦った。上野の持氏方から離反する武将が続出したため、劣勢に追い込まれた一色軍は、相模の持氏軍と合流した。戦いは、憲実と幕府が優位に立ったのだ。

同年十月になると、鎌倉の留守を預かっていた三浦氏が、突如として持氏から離反した。十一月には三浦氏が鎌倉に放火し、持氏の嫡子・義久は報国寺（神奈川県鎌倉市）に逃げ込んだ。三浦氏は持氏の命により鎌倉を警護したが、それ以前に相模守護を更迭され、一色氏が相模守護に就任したことを快く思っていなかった。それゆえ、持氏を裏切ったのだ。ごくわずかな近臣らを除くと、多くの武将が憲実や幕府に寝返ったので、持氏は窮地に陥ったのである。

持氏の最期

敗色濃くなった持氏は鎌倉の浄智寺（神奈川県鎌倉市）に入り、その後、永安寺（同前）へと移った。永享十年（一四三八）十一月四日に武蔵の称名寺（横浜市金沢区）に入ると、出家して道継と号し、再び永安寺に戻った。その間、称名寺では持氏に従った近臣たちが切腹を命じられた。

同年十一月二十七日、持氏は常陸の鹿島実幹に宛てて感状を送った（「常陸遺文」）。内容は、憲実の謀叛により、思いがけず幕府と対立することになり、味方までもが離反したのは諦めきれないと書かれている。これが、持氏の無念の思いを吐露した最後の書状である。

幕府や憲実からすれば、謀叛を起こしたのは持氏の方であると言いたかったに違いない。憲実は幕府から、持氏を自害させるようたびたび要請を受けていた。ところが、憲実は持氏と確執があったとはいえ、あえて赦免を乞うたという（『看聞日記』）。

憲実の助命嘆願は、以後の災いとなるとのことで幕府から却下された。それどころか義教は、翌年（一四三九）閏一月、憲実の行動に不信感を抱いたとし、使者を派遣した。同時に信濃の小笠原政康に出陣を要請し、永安寺と報国寺を攻撃するよう命じた。両寺には、それぞれ持氏と義久がいたのである。

同年二月十日、義教の強い叱責を受けた憲実は、自ら兵を率いて永安寺に攻め込んだ。持氏は自らの手で子と娘を殺し、その後自ら寺に放火し自害したという。持氏の妻も焼死し、近臣と叔父の稲村御所の足利満貞も自害して果てた。同年二月二十八日、持氏の嫡男・義久は報国寺で切腹した。

こうして永享の乱は終結し、義教は関東支配を展開する。乱後、憲実は持氏を死に追いやったことを後悔し、同年末頃までに出家して伊豆の国清寺（こくせいじ）（静岡県伊豆の国市）に入った。永享十二年、持氏方の残党は春王丸（はるおうまる）・安王丸（やすおうまる）（持氏の遺児）を擁立して挙兵するが、嘉吉元年（一四四一）四月に敗北したのである（結城合戦）。

✝大和永享の乱——国人同士の紛争が拡大

義教に討伐された武将は、持氏だけに止まらなかった。同じ頃に大和永享の乱が勃発すると、そのどさくさに紛れて一色義貫と土岐持頼が謀殺された。

以下、その経緯を確認しておこう。

永享元年（一四二九）六月、国人の井戸氏が僧の頓称坊を殺害するという事件が勃発した。事件の背景には大和国内における、南朝方の越智（おち）氏と北朝方の筒井（つつい）氏との暗闘があった。事件後、南朝方の越智、豊田、箸尾（はしお）らは頓称坊の仇を討つべく、井戸氏の主人に当たる北朝方の筒井氏を攻撃した。

これが、その後も約十一年にわたって紛争となった大和永享の乱の発端である。

永享三年（一四三一）八月、平田荘（奈良県大和高田市など）の荘官を務めていた箸尾氏が段銭（臨時の公事）の納入を怠ったことから、筒井氏が箸尾氏を攻撃した。翌年九月、越智氏が箸尾氏に加担して、筒井氏の居城・筒井城（同大和郡山市）に攻め込み、龍田大社（同三郷町）に火を放ったのである。

これに対して幕府は、越智氏・箸尾氏の討伐軍を大和に派遣した。しかし、越智氏らは農民ら広範な階層で組織された軍勢を率い、ゲリラ戦を展開して幕府勢を苦しめた。

この戦いには、赤松満祐も畠山持国らとともに出陣した（『満済准后日記』）。当時、満祐は侍所所司の地位にあったが、その任を解かれたうえで出陣した。代わりに侍所所司に就任したのは、一色氏であった。

伏見宮貞成の『看聞日記』によれば、畠山持国と満祐が大将となって、大和国に出発したのは、同年十一月二十七日のことであった。持国は一三〇〇騎、満祐は弟とともに八〇〇騎をそれぞれ率い、これに二〇〇〇騎ばかりの雑兵が加わったという。ところが、赤松氏は苦戦を強いられ、多くの兵が討たれたと伝わっている。義教は満祐に対し、具足、馬、太刀などを与えた。結果的に越智、箸尾両氏の討伐に成功したものの、畠山氏が一兵も失っていないのに対し、赤松氏は六〇〇名余りが討たれたという（『看聞日記』）。勝ったとはいえ、満祐の劣勢ぶりがうかがえる。

しかし、争乱は止まなかった。永享九年（一四三七）七月、大覚寺義昭（義教の弟）が大覚寺（京都市右京区）から出奔すると、越智氏らはこれを擁立した。翌年七月、義昭は天川（奈良県天川村）で挙兵すると、後南朝の勢力や鎌倉の持氏らと連携し、幕府に対抗しようとしたという（この点については諸説ある）。永享十一年（一四三九）二月、持氏が自害に追い込まれ、永享の乱が終結したのは先述のとおりである。

幕府は越智氏を討伐する大義名分を得るため、朝廷に治罰綸旨の発給と錦の御旗の下賜を要請した。永享十年（一四三八）八月、治罰綸旨が発給されると、幕府は直ちに越智氏への総攻撃を開始した。翌年三月、幕府は越智氏を長谷寺（奈良県桜井市）で討伐し、長年にわたる大和永享の乱は終結したのである。

そもそも大和永享の乱は、大和における国人同士の紛争だったが、やがて幕府が無視しえないほどの大規模な争乱になった。同じ頃関東では持氏が幕府に反旗を翻したので、幕府は動揺したに違いない。朝廷が治罰綸旨を発給したのは、越智氏を朝敵とみなさざるを得なかったからだろう。幕府の力だけでは、鎮圧が困難だった状況がうかがえる。

このような争乱の最中にあって、義教が土岐持頼と一色義貫を殺害したことにも注意を払う必要があろう。

†土岐持頼と一色義貫の討伐

持頼は義教の意向によく従い、伊勢北畠氏攻めなどに出陣したが、少しずつ義教から冷遇されるようになった。永享十二年（一四四〇）五月、持頼は大和永享の乱にも出陣し、三輪山（奈良県桜井市）の麓に陣を敷いていた。そこに義教の命を受けた長野氏らが攻め込み、持頼を討ち取ったのである。代わりに伊勢守護になったのは、一色教親（のりちか）だった。教親は、義教の近習として重用された人物である。

次に狙われたのは、一色義貫である。義貫は若狭、三河、丹後の三カ国守護を兼ね、応永二十一年（一四一四）から七年間にわたって侍所所司を務めた幕府の重鎮だった。一方で、義貫が義教に対して、反抗的な態度をとったのは事実である。永享二年（一四三〇）、足利義教が右大将に就任する際、拝賀式が催された。義貫は供奉行列（ぐぶぎょうれつ）で先陣を希望したが、それは拒否され二番目に配置された。義貫はこれを「家の恥辱」とし、当日は病気と称して欠席したのである。それどころか、幕府から攻められた場合は迎え撃ち、切腹する気概まで示した。義教に対する明らかな反抗的態度である。

ところが、義貫は何ら処罰を受けることなく、以降も侍所所司を務めるなどした。義教とは表面的かもしれないが、良好な関係を維持したのである。しかし、永享十二年五月の大和永享の乱の際、義教の命を受けた武田信栄と細川持常が出陣中の義貫を謀殺した。信栄は義教のお気に入りであり、御相伴衆を務めていた。のちに、信栄の死に際したときは、義教が医者などを派遣したことが知られているほどだ。

義貫を謀殺した信栄は、代わりに若狭守護になった。同時に、謀殺された義貫に代わって、教親が一色家の惣領となったのである。義貫の三河守護は、阿波守護を務めていた持常に与えられた。このようにして、義教は意に沿わなかった持頼と義貫を討伐し、自身のお気に入りを代わりに据えることに成功したのである。

義教の非道に対しては、満祐も敏感に反応したに違いない。満祐は播磨など三カ国守護を兼ねていたが、一族は幕臣として幕政に参画し、将軍から重用されていた。万が一、満祐がいなくなっても、スペアとなる人材は十二分にいたのである。次に、満祐が義教とどうかかわったのかを考えてみよう。

†幕府における満祐の活動

応永三十四年(一四二七)、満祐は播磨下国事件により窮地に陥ったが、事態が収束することによって室町幕府との関係を回復した。義持が亡くなり、義教が後継者となって以後、両者の関係はどうなったのだろうか。

満祐は、父・義則の生前から侍所所司を務めていた。その期間は、応永十八年（一四一一）十一月〜応永二十年（一四一三）十二月で、配下の浦上性貞や薬師寺氏が所司代を務めていた。満祐が侍所所司として活動した事例をいくつか挙げておこう。

応永十八年（一四一一）十一月、幕府は侍所所司の満祐に対して、東寺（京都市南区）で掃除を担当する散所法師に他の役を催促することを停止するように命じた（『東寺文書』）。散所法師とは普通の僧侶ではなく、賤視される存在であった。彼らは、東寺で掃除に従事していたが、他にも役を課されたのである。命を受けた満祐は、所司代の浦上氏にその旨を伝え、催促の停止を求めた。

応永二十年（一四一三）五月、幕府は山城守護・高師英に対して、園城寺（滋賀県大津市）の衆徒・上光坊が押領した、勧修寺領の大宅寺（京都市山科区）の年貢を返弁させるように命じた（「勧修寺文書」）。この命令は守護の高氏から、守護使節に伝えられたが、園城寺は守護の命令に従わなかった。そこで、幕府は侍所所司の満祐に対して、年貢の返弁をさせるよう園城寺に命じ、満祐から侍所所司代の浦上氏にその命が伝えられた。本来、この職務は山城国守護の担当だったのであろう。

これ以外にも同年十二月、山城伏見の住民が醍醐寺（京都市伏見区）領の炭山（京都府宇治市）に乱入することがあった（『満済准后日記』）。この日、幕府は侍所所司の満祐に命じて、その張本人を探索させたのである。

†山城守護を兼ねた満祐

赤松氏は幕府において重要な存在であり、必ずしも眼の敵にされていたわけではなかった。義則は侍所所司や山城国守護などの要職を務めるなど、幕府内で重要な地位にあり、満祐の代に至っても同様に重用されていた。義則の死後、満祐が侍所所司を務めた期間は、次のとおりである。

〈1〉正長元年（一四二八）八月〜永享四年（一四三二）十月
〈2〉永享八年（一四三六）八月〜永享十一年（一四三九）十一月

〈1〉の期間において、正長の土一揆が勃発した際、満祐は対応を行った（「東寺百合文書」）。同時に満祐は、〈2〉の期間に山城国守護をも務め、侍所所司と兼ねていたことが判明する。山城国守護代は配下の浦上某が務め、守護使は「御一族衆」である中山氏が任じられていた（『赤松家風条々録（あかまつかふうじょうじょうろく）』）。こうした事実からも、改めて赤松氏が幕府から重用されていた事実をうかがえよう。

永享元年（一四二九）四月、幕府の命によって、満祐は尊重護法寺（京都市山科区）の修理料として洛中地口銭（家屋の間口の広狭に応じて賦課した税金）を百姓に課した。永享三年（一四三一）八月、幕府は満祐に命じて、鷹司油小路西北頬屋地（京都市上京区）を御霊殿雑掌に渡付させている。また、翌年十月、幕府は満祐に命じて、鷹司以南油小路東頬屋地（京都市上京区）に鳩塗師をもとのように住まわせるようにした。

このように満祐は侍所所司、山城国守護として、京都市中の警衛などを担当し、幕府に貢献していたのである。

†和歌に通じていた満祐

当時の武将は、嗜みとして和歌や連歌に通じていた。和歌や連歌という社交の場において、彼らは将軍や有力な武将と良好な関係を築いていたのである。満祐の父・義則や祖父・則祐は、和歌や連歌に通じた教養人であり、満祐も父祖に勝るとも劣らない存在だった。満祐の和歌は、最後の勅撰和歌集『新続古今和歌集』（永享十一年・一四三九年成立）に次のように収録されている。

まさきちる　嵐の末の　うき雲や　外山をかけて　猶しぐるらん

すまのあまに　あらぬうき身も　いつまでか　袖ほしわぶとこたへだにせん

『新続古今和歌集』には、祖父・則祐の和歌も入集している。『新続古今和歌集』の撰者は飛鳥井雅世であり、開闔（和歌所などで書物、資料の出納管理等雑務を担当する職）を務めたのは堯孝であった。堯孝は二条派を継ぐ和歌の名手で、東常縁などの門人を輩出したほどの人物である。堯孝と満祐は、互いによく知る間柄だったと考えられる。

堯孝の家集には『慕風愚吟集』（応永二十八年・一四二一成立）があり、公家・武家の歌会の出席状況や諸社寺での法楽歌（神仏に奉納する和歌）の勧進などが克明に記されている。交流した武将らの中には、満祐の名前も記されている。満祐の和歌が『新続古今和歌集』に入集したのは、堯孝の口添えや配慮があったのかもしれない。むろん、満祐の和歌に関わる活動は、これだけではない。主要なものを次に列挙しておこう（下段は出典）。

〈1〉正長元年六月二十五日・月次和歌会――『満済准后日記』
〈2〉永享五年二月北野社一万句法楽連歌・法楽百首――『満済准后日記』など
〈3〉永享七年一月十三日・幕府歌会――『満済准后日記』

義持の跡を継いだ義教は盛んに歌会を催し、満祐は積極的に参加していた。和歌会には満祐だけではなく、弟の義雅をはじめ、赤松大河内家の満政など赤松氏一族の多くが出席した。その様子は、歌僧として知られ、精力的に歌壇活動を行った正徹の家集『草根集』によって、うかがい知ることができる。このように満政は幕府が主催する歌会に参加し、著名な歌人と交流を深めていた。満政の和歌は詠草類にも取り上げられているので、それらを次に列挙しておこう。

〈1〉応永二十年――『頓証寺法楽百首』

〈2〉永享六年――『飛鳥井宋雅七回忌品経和歌』

〈3〉永享七年――『永享七年五月廿二日赤松満政母三十三回忌歌』

満政は和歌の名手の飛鳥井宋雅（雅縁）の七回忌に和歌を献じているのだから〈2〉、良好な関係を結んでいたのだろう。ちなみに飛鳥井宋雅は、先述した『新続古今和歌集』の撰者・飛鳥井雅世の父であった。

†満祐邸に足を運んだ義教

満祐は幕府における侍所所司などの役割を果たすだけでなく、将軍義教との関係にも注意を払っていた。次に、その点について触れておこう。

永享二年（一四三〇）七月、満祐は義教の右大将拝賀の式に際し、三十騎を率いて前陣を務めた（『建内記』など）。その時には、拝賀帯刀の役に赤松氏一族が供奉している。満祐が前陣を務めたのだから、赤松氏一族は義教から信頼されていたのだろう。

翌年の一月十九日、満祐は室町殿で催される恒例の月次連歌会（月ごとに催される連歌会）に出席した（『満済准后日記』）。出席したのは満祐だけでなく、弟の義雅や一族の満政も加わっていた。翌二十日、満祐は自邸に義教を招き、連歌会を行った（『満済准后日記』）。義教は赤松邸の新築を祝い、発句を詠んでいる。その後、赤松邸における連歌会は恒例となり、義教を招いてたびたび催された。赤松氏の一族は、満祐をはじめ義雅、満政も連歌に秀でており、義教と連歌を通じていっそう緊密な関係を築いたのである。

大外記を務めた中原師郷（もろさと）の『師郷記』によれば、永享七年七月の若公（わかぎみ）の誕生に際して、赤松義雅の宿所が利用されていたことが判明する。この若君とは足利政知のことで、のちに堀越公方になった人物である。同じく四年後の義観（聖護院（しょうごいん）門主）誕生のときには、赤松満政の宿所が利用されている。

赤松氏の縁者の宿所が将軍家の御産所であったことは、両者の親密な関係をあらわしている。永享九年九月、義教は満祐に七條袈裟（しちじょうけさ）を贈った（『蔭凉軒日録（いんりょうけんにちろく）』）。七條袈裟とは、法衣として最高の儀式服であり、僧綱職（そうごうしょく）（僧尼を統率し諸寺を管理する官職）にのみ許されたものだった。満祐が出家した時期は不明であるが、この頃には入道と称されている。義教は満祐の出家に際して七條袈裟を贈ったのだから、良好な関係がうかがえる。

†満祐と松ばやし

赤松氏と言えば、「松ばやし」が有名である。「松ばやし」は先述のとおり、播磨滞在中の幼い義満を喜ばせるため、康安二年（一三六二）に披露されたものである。それが義教の代になって、復活を遂げたことが知られている。

正長二年（一四二九）、赤松氏は長らく中断されていた「松ばやし」を再興し、室町邸で十番の風流（ふりゅう）を演じた（『満済准后日記』）。それまで、毎年正月十三日には、将軍が赤松邸を訪ねてきた際に催していたが、義満の成長とともに中断されたという経緯があった。その代わりに上演されたのが猿楽（さるがく）であり、おそらく義満の要望によるものと考えられる。義満が世阿弥（ぜあみ）のパトロンとなり、猿楽を保護したことはよく知られている。この年になって、満祐は幕府に「松ばやし」の再興を申し入れたのであった。

満祐の弟・則繁は、綾羅錦繍（りょうらきんしゅう）（美しく着飾ること）の衣装を身にまとい、「松ばやし」の指揮を取った（『薩戒記』）。則繁の艶やかな姿は、観衆の目を引き付けるきらびやかさがあった。この「松ばやし」では、軍記物語を題材とした風流の舞踏と所作が十番まで行われたといわれている。当初、赤松氏の行事だったので「赤松ばやし」と称されていたが、これを契機にして武家へも広がり、洛中において流行したのである。当時における「松ばやし」は、人々の目を楽しませる最高の娯楽だった。

赤松氏は、猿楽に深く関わっていた。当時、細川、斯波、畠山の各氏がパトロンとなって、猿楽の桟敷（さじき）を差配しており、赤松氏は細川氏とともに観世座（かんぜざ）を支援していた。世阿弥の晩年の芸談をまとめた書物『申楽談儀（さるがくだんぎ）』（永享二年・一四三〇成立）には、「赤松方」と記されている。「赤松方」とは、赤松氏の被官人、若党らによる猿楽を愛好するグループを意味していると推測されよう。

矢野荘（兵庫県相生市）関係史料にも、猿楽関係を確認することができる。嘉吉の乱では、猿楽が関わったのだから誠に皮肉な話である。

赤松氏の猿楽好きには、面白い話がある。永享四年（一四三二）二月、一色邸で猿楽が催されたので、赤松氏の家人三人が見学に出掛けたことがあった（『看聞日記』）。ところが、赤松氏の家人のうち二人は見学を許されたが、一人は一色氏の門番から見学を断られた。その結果、両者は喧嘩となり、赤松氏の家人一人が討ち死にした。一色氏の家人も三、四人が怪我をした。この事件によって、赤松氏は一色邸に押し寄せたが、仲介する人があって、大事には至らなかった。

このように満祐は「松ばやし」を再興することによって、義教との良好な関係を維持したのである。

†義教の播磨訪問

永享四年（一四三二）八月、足利義教は兵庫（神戸市兵庫区）を訪れ、その足で須磨（同須磨区）、明石（兵庫県明石市）へ足を延ばし、さらに書寫山圓教寺（同姫路市）へと向かった。義教の旅行には、播磨守護の満祐も関わっていた。以下、特に断らない限り『看聞日記』『満済准后日記』によって、義教の播磨訪問を取り上げることにしよう。

同年六月三日、来る八月に義教が兵庫、明石、そして天台宗寺院の圓教寺を訪ねることになった。義教は多くの従者を率いて下向したが、その費用を負担したのが満祐だった。

同年八月十日、義教の兵庫下向について、種々の沙汰があった。八月十六日になると、翌十七日から義教が兵庫に向かうことになったという。その目的とは、まず兵庫から遣明船が出航することになったので、それを見学することにあった。次の目的は、須磨、明石の名所を訪ねることである（『看聞日記』）。『源氏物語』のなかで「須磨」「明石」の巻はよく知られており、そのゆかりの地（須磨寺など）を訪ねることがあったのだ。書寫山圓教寺の件については触れていないが、訪ねたのは確かである。

記録には、永享四年八月には将軍・足利義教が書寫山圓教寺を参詣したので、播磨国中は大変なことになったと記されている（『鎮増私聞書』）。「大変なことになった」というのは、義教を迎えるための準備を意味しよう。

なぜ、義教は播磨を訪れたのだろうか。その理由の一つについては、康安元年（一三六一）に細川清氏と楠木正儀が京都を占拠した際、幼かった義満が赤松則祐に連れられて、播磨白旗城で過ごしたことを念頭に置いていたという説がある。義満は播磨から帰洛する際、明石を訪れていた。つまり、義教は亡父・義満の足跡を自ら訪ねたことになろうが、これは義満が京都から逃亡したという縁起の悪いことにならうので、動機としては弱いと指摘されている。

もう一つの理由は、これ以前に義教は富士遊覧の旅に出たが、鎌倉公方の足利持氏を刺激するので、控えるよう反対意見があった。その際、義教の富士遊覧を支持したのは満祐であり、よき理解者だった。義教の播磨下向に際しては、通過する諸国で相応の負担が求められた。この負担を受け入れたのが満祐だったので、義教の希望に積極的に応じた可能性がある。ただし、播磨国内における義教が来訪したときの感覚は、「大変なことになった」という認識だった（『鎮増私聞書』）。とはいえ、これだけの理由では義教が播磨に下向した意味が分かりづらい。義教が播磨に下向した理由は、単に名所・旧跡を訪ね、圓教寺を参詣することだったのではないか。

†報恩寺・圓教寺の訪問

義教は明石から書寫山圓教寺に向かう途中で、真言宗寺院の報恩寺（兵庫県加古川市）を訪ねたのではないかと考えられる。年月日未詳ながら、義教ほか細川持之（もちゆき）、畠山満家、斯波義淳（よしあつ）、満祐が連署した「報恩寺奉加帳」が残っている。ほかにも、赤松貞村、赤松教弘（のりひろ）や赤松氏家臣の「報恩寺奉加帳」があり、同時期に奉納されたと考えてよいだろう。

年月日を推定するカギを握るのは、奉納した人物の生没年である。連署した中では、斯波義淳が永享五年（一四三四）十二月一日に亡くなっている。畠山満家の没年も同年九月十九日である。つまり、「報恩寺奉加帳」が成立したのは永享五年九月以前であるのは確実であるが、タイミングを考慮すれば、永享四年八月の義教の播磨下向以外の時期は考えられない。したがって、義教が報恩寺に立ち寄った可能性は極めて高いといえよう。あるいは、義教が左大臣に就任したのは永享四年八月二十八日なので、帰洛後に「報恩寺奉加帳」を奉納したのかもしれない。

義教が圓教寺を訪れた日付は不明である。書寫山は「西の比叡山」と称されており、比叡山（滋賀県大津市）や大山（鳥取県大山町など）と並ぶ天台宗の三大道場だった。かつては、花山（かざん）法皇、後白河法皇、後醍醐天皇らも訪れた名刹である。

花山法皇勅願の「圓教」という寺号には、「輪円具足（すべてのものが備わって、欠けているものがない）を教える」という意が込められている。この言葉は、徳においてもっとも成就した状態を示しているので、自己を完成する道を教える寺のことを意味しよう。義教が書寫山圓教寺を訪ねたのは、むろん名刹、古刹だったことがあるかもしれないが、将軍としての徳を高めるべく、参詣を希望したのかもしれない。なお、『満済准后日記』などによると、義教が帰洛したのは、八月二十五日のことだった。

義教の播磨下向に際しては、大変な準備が必要だった。以下、矢野荘の年貢算用状（「東寺百合文書」）をもとにして、経費などを考えてみよう。

永享四年六月八日、守護所がある坂本（兵庫県姫路市）に義教の宿所を建築することになった。これに伴って、矢野荘には三十五人もの材木持人夫が賦課された。これはかなりの負担だったようで、矢野荘代官が赤松氏の奉行人と交渉し、三十人にまで減らしてもらった。それは、ほかの播磨国内の荘園も同じで、宿所の建築に際して人夫役が課された。こちらも交渉によって減免されたが、工事中の人夫の食事は荘園の負担だった。建築資材となる竹、あるいは炭なども域内で賄われた。加古川に橋が架けられたが、その工事にも人夫が動員され、その人件費も負担させられたのである。

いざ義教が坂本にやって来ると、今度は食料などの負担のほか、義教一行の荷物を持つ人夫などが徴発された。思いのほか負担が大きかったのである。満祐はこのような面倒を引き受けたのだから、義教との関係を重視していたのだろう。

†赤松貞村について

赤松氏一族の中で重要なのは、赤松春日部家である。持貞が播磨国の代官職を与えられそうになったことは、先述のとおりである。ここでは貞村を取り上げることにしたい。

貞村は頼則の嫡男で、持貞の兄である。残念ながら、生没年は不明である。『赤松諸家大系図』には明徳三年（一三九二）に生まれ、文安四年に没したと書かれているが、同系図の記載は概して誤りが多く、信が置けない。また、『建内記』には、貞村が嘉吉元年（一四四一）九月に播磨で亡くなったと記し、落馬あるいは夜討ちに拠るものかと書かれている。同年九月以降、貞村の発給した文書が確認できないので、信憑性の高い情報である。

正長元年（一四二八）七月、貞村は摂津国鳥養牧（とりかいのまき）（大阪府摂津市）、丹波国春日部荘内黒井村（兵庫県丹波市）の代官に還補（かんぽ）されることが、管領・畠山満家の施行状により伝えられた（「赤松春日部家文書」岡山県立博物館所蔵）。父・満則の没年も不明であるが、少なくともこの頃には、貞村が赤松春日部家の家督を継承したとみなすべきだろう。同日付の幕府の下知状によると、先の二つの所領に加えて播磨国包沢村などが加わっているので、貞村の所領が広範に散在していたのは明らかである。

永享五年（一四三三）十一月、先述した播磨、丹波、摂津の所領は、子の音法師（のちの教貞）に譲られた（「赤松春日部家文書（友淵楠麿氏旧蔵）」）。このあたりの事情は詳らかではないが、この文書には「前伊豆守貞村」と署名されているので、貞村の出家が要因だったと考えられる。貞村の譲状には記されていないが、伊河荘（兵庫県明石市）も赤松春日部家の重要な所領の一つで、同荘に隣接していたのが太山寺である。

永享二（一四三〇）年四月、貞村は赤松春日部家歴代当主の先例にならって、太山寺に禁制を与えた（「太山寺文書」）。貞村は太山寺や伊河荘を出入りする被官人による寺中の徘徊を禁止し、背く者があれば交名を注進せよと太山寺に書状を送っている（「太山寺文書」）。嘉吉元年（一四四一）八月、貞村は太山寺に野口村（兵庫県加古川市）十石を寄進した（「太山寺文書」）。寄進状の署名は、貞村が出家したことを示す「沙弥」である。

同年七月、貞村は久我家領の這田荘（兵庫県三木市）の代官を務めていた関係から、年貢の件の納入について請文（身分の上の者の命令に対して承諾した旨を書いた文書）を提出している（「久我家文書」）。この文書には、「常宗」と署名されており、貞村の法号が明らかになった。従来、貞村が名乗っていたとされる法号の「性貞」は誤りであり、別人のことであると指摘されている。

†将軍と貞村の親密交際

持貞と同じく、貞村も将軍と密接な関係にあった。貞村が義教と近しい関係にあったことは、いくつかの例からうかがうことができる。

永享元年（一四二九）には、義教が貞村の邸宅に渡御したことを確認できる。以後、両者の交流は深まる一方だった。その五年後、義教の側室だった貞村の娘（宮内卿局）は、貞村邸を産所として男子を産んだ（『師郷記』）。貞村が姻戚関係を通して、義教と強い紐帯を結んだことは、否定し得ないであろう。

先述したとおり、兵庫県加古川市の報恩寺には、三冊の奉加帳が残っている（「報恩寺文書」）。一冊目には、当時左大臣でもあった義教以下、細川持之、畠山満家、斯波義淳、赤松満祐が名を連ねている。そして、二冊目には貞村以下、その被官人と思しき人々の名前が列挙されている。義教が播磨に下向した際、貞村は御供として随行したか、あるいは現地で出迎えた可能性があろう。

貞村と連歌に関しては、永享五年二月に催された「聖廟一万句御法楽」において、「霞」という題で一句詠んだことを確認できる（『満済准后日記』）。また、同じ月、義教の立願による「北野社一万句法楽連歌」にも、満祐や一族の満政とともに出席している。満政もまた、義教に近侍した人物である。

永享十二年(三月)、貞村の嫡男・教貞は、御判御教書で所領を安堵された(「赤松春日部家文書〔岡山県立博物館所蔵〕」)。「赤松次郎教貞」と史料中に表記されているので、この頃には元服を果たしたのだろう。同年三月、八坂法観寺(京都市東山区)の供養に際して、教貞は父とともに義教に供奉した(『八坂神社記録』)。このときは貞村・教貞父子以外にも、満政、教実、則繁といった赤松氏の面々が供奉していた。

貞村は義教と緊密に結びついていたが、その理由についてユニークな説がある。『嘉吉記』には、貞村と義教が男色の関係にあったと書かれている。その内容は「(義教と)赤松伊豆守(貞村)とは、強い男色の寵愛で結ばれていた。(義教は)いかにしても貞村を取り立てようとした」というものである。義教が貞村の容貌に惚れ込み、近侍させたことは頼山陽の『日本外史』にも記されている。これは事実なのか。

この点については、貞村が義教よりもはるかに年長であったことから、二人が男色の関係にあったことを否定する見解がある。義教が誕生したのは明徳五年(一三九四)のことだが、貞村の生年は不詳である。仮に、貞村が先述した明徳三年(一三九二)に誕生したならば、歳は近い。しかし、そもそも貞村の生年が不詳なのだから、年齢差を根拠にするのは難しい。『嘉吉記』は後世の編纂物であり、記事の内容に潤色が多く信が置けない。史料性を考慮すれば、二人が男色だったとはにわかに断定できないだろう。

†赤松満政について

赤松春日部家が将軍家と強いつながりを持ったことに触れたが、それは赤松大河内家の流れを汲む満政も同じだった。

赤松大河内家は、則祐の子・満則からはじまった。ところで、なぜ満則の流れは、赤松大河内と称されたのだろうか。大河内は現在の兵庫県神河町（かみかわちょう）（旧大河内町）にあった地名であり、醍醐寺（京都市伏見区）領の大河内荘なる荘園もあった。大河内は現在の兵庫県の中央部に位置し、旧播磨と旧但馬の国境付近に位置していた。ただし、赤松大河内家と大河内との関連を示す史料は、今のところ確認できていない。

満政は満則の子として誕生したが、生年は不明である。父の満則は、明徳二年（一三九一）の明徳の乱で討ち死にした（『明徳記』）。残念ながら、満則の生涯については不明な点が多いものの、明徳の乱に出陣していたのだから、将軍に近侍していた可能性は高い。

赤松氏家格を示す史料として、近世に成立した『赤松家風条々録』という史料があるが、赤松大河内家の記載はない。しかし、満政は史料上でたびたび「大河内」と表記されているので、赤松大河内家なる名称が存在したのはたしかである。応永二十九年（一四二二）九月、満政は足利義持の伊勢神宮（三重県伊勢市）への参宮に際して供奉した（『花営三代記』）。同史料には、「赤松大河内刑部少輔満政」と記されているので、当時から赤松大河内家と認識されていたのは疑いないだろう。

三年後の応永三十二年、満政は刑部大輔になった。応永三十五年に義持が没すると、満政は後継者の義教に近侍するようになった。たとえば、満政は将軍家が主催する連歌会に出席するようになった。満政も和歌や連歌に通じていた。

正長二年（一四二九）になると、満政は上総介の官途を名乗った。上総介は赤松惣領家の義則が名乗っていたものだったので、義教は満政を将来的に赤松氏の惣領に据えようと考えていたとの見解もある。ところが、永享三年（一四三一）になると、満政は播磨守を名乗っているのだから、必ずしもそうとは言い切れないだろう。

永享二年七月、義教の右大将拝賀の儀式が執り行われた。その際、満政は侍所の幕府関係者などに交じって、赤松氏、佐々木氏らによって構成された「御拝賀帯刀」を務める二十四名の一人として加わっていた。帯刀とは将軍の参内・社参の際に、太刀を帯びて供奉する役を意味し、非常に重要な役割である。

翌年八月、義教は満政の邸宅を訪れた。訪問の目的は書かれていないが、二人は親密な関係にあったのだろう。満政は義持が亡くなった後も、後継者の義教と強い関係を結んでいたのはたしかだが、満政にとって重要なのは申次（もうしつぎ）を担当したことだった。

申次になった満政

やがて満政は、義教の申次として活動することになった。申次とは将軍に伝達事項を伝え、また将軍の命令などを他者に伝えることを職務とした。満政が申次になった理由は、永享二年一月に申次だった大舘満信（おおだちみつのぶ）が義教の不興を買って、更迭されたからである。大舘満信は義満以来、三代の将軍に仕えたが失脚したのである。

満政の申次としての活動は、永享二年一月から嘉吉元年（一四四一）六月まで確認することができる。申次の職務範囲は極めて広く、おおむね次の五点に整理されている。

〈1〉義教の命令・意思を他者に伝達すること。
〈2〉他者から義教への上申・披露を取り次ぐこと。
〈3〉義教のための祈禱巻数を受け取ること。
〈4〉義教の指示による行動。
〈5〉その他。

〈1〉から〈3〉については説明が不要と思われるので、〈4〉〈5〉を取り上げておこう。

まず〈4〉であるが、中次の業務としては、義教の意向を踏まえ、事情聴取や状況確認を行うことがあった。先述した大和国人の越智氏、箸尾氏が永享四年（一四三二）に反乱を起こした際（大和永享の乱）、筒井氏を上洛させることになった。このとき義教は、筒井氏の滞在先だった畠山満家の宿所に幕府奉行人の飯尾為種と満政を派遣し、事情聴取を行わせた（『満済准后日記』）。また、裏松義資が横死したのは義教の仕業であると、高倉永藤が流言したとき、義教は両使の一人として満政を派遣し、その状況を確認させた。

〈5〉の説明をする前に、満政が永享十一、十二年（一四三九、四〇）に公方御倉の管理・運営に関わっていたことを取り上げておこう。公方御倉とは、幕府の財産を管理している土蔵の一群のことを意味している。幕府財産の収入源は、主に御料所（室町幕府の直轄領）からの年貢の収入、守護からの出銭（将軍・幕府の諸行事・事業のための臨時の賦課）、地頭御家人役としての収入、京都の酒屋・土倉役としての課税収入などを挙げることができる。これだけを見ても、公方御倉の管理・運営という役割は極めて重要なことが理解されよう。

以上の点を踏まえて、〈5〉について考えると、次のような事例が指摘されている。永享二年（一四三〇）十二月、幕府の料国である筑前国の代官・大内盛見から、年貢二十万疋（現在の貨幣価値で約二億円）が満済のもとにもたらされた（『満済准后日記』）。満済は配下の慶円に命じて、いったん二十万疋を満政のもとに遣わせた。その理由は、満政が幕府財政に関与していたからだった。むろん、満政はここからいくばくかの得分を得ていたはずである。つまり、満政は幕府財政を担当することにより、その地位を上昇させたことになろう。

〈5〉については、ほかにも満政が義教の発給文書の草案を書いたことなどが指摘されており、満政が義教の厚い信頼を受け、同時に権勢を誇ったことがうかがえる。

†比叡山の強訴

順風満帆だった満政に対して、突如として災難が降りかかった。以下、『満済准后日記』『看聞日記』『師郷記』などから考えることにしよう。

永享五年（一四三三）七月十八日、延暦寺の僧侶が神輿を奉じて洛中に押し掛けるとの風聞が流れた。強訴である。幕府は延暦寺の訴えを聞き入れなかったので、七月二十一日に神輿が入洛するのが確実になった。都では警固の武士を動員して、強訴に対応しようとしたので、大混乱に陥ったのである。

比叡山の衆徒は十二カ条にわたる内容を示して強訴をし、その中には満政が賄賂を受け取って僧の便宜を図ったという指摘があった。ほかに、弾劾されたのは、山門奉行（延暦寺担当の奉行）を務めた飯尾為種、山徒の光聚院猷秀らである。衆徒らはこの一件を追及し、満政らを流罪にせよと要求してきたのだ。洛中が混乱に陥ったのだから、強訴は相当な覚悟を持って実行されたのは疑いない。

翌月、幕府は衆徒らの要求を受け入れて、関係者の多くの人々を流罪にした。たとえば、猷秀は土佐に、飯尾為種は尾張にそれぞれ配流となった。ただ満政は、惣領家預けという軽い処分で済むことになった。これは、義教の意向だった。一連の背景には、義教と満政との強い関係を意識せざるを得ないであろう。その証左として、満政はほどなくして許された模様で、義教のお気に入りの為種も同じだった。つまり、満政らに下された処分は、形だけにすぎなかったことになる。

このように満政と義教の関係は極めて良好であり、それによって満政が相応の地位を得ていたことが理解されるのである。

満政の所領など

満政は、伏見宮家が本家職を持つ国衙別納（通常の手続きに拠らず、直接、年貢を徴収・上納した土地）の佐土余部（兵庫県姫路市）の代官職を務めていた（『看聞日記』）。永享四年（一四三二）一月、満政はたびたび年貢の納入を怠っていたので、一時は代官職の交代を示唆されるありさまであった。そこで、佐土余部を御料所（幕府の直轄領）とし、満政を代官に任じたところ、年貢が完済されたというのである。

正長元年（一四二八）三月、満政は広峯神社（兵庫県姫路市）に佐土郷（同上）のうちの下地二百石を寄進した（「広峯文書」）。佐土郷は、先の佐土余部と同一とみなしてよく、満政が何らかの権益を有していたと考えられる。

伏見宮貞成によれば、永享四年八月に義教が播磨に下向した際、満政も供として随行した。しかし、かねて病気だった満政は、播磨で亡くなったという（『看聞日記』）。ただし、「本当なのか不審である」と貞成が書くとおり、これは明らかな誤報である。

もう一つ重要なのは、満政が兵庫関代官を務めていたことである。兵庫関（神戸市兵庫区）とは東大寺・興福寺（奈良市）が管理しており、水上交通の関所でもあった。かつて兵庫関は、武庫あるいは和田泊と称されていた。平安時代の天長八年（八三一）には、船舶から勝載料（積載品に対する税）という関料を徴収した記録が残っている。

鎌倉時代の建久七年（一一九六）、東大寺再建のため、造東大寺勧進職を務めた重源が築港費を徴収して以降、東大寺は課税権を獲得した。兵庫関から得られる収益は、伊賀国務に匹敵するとまでいわれるほど莫大なものであったという。暦応元年（一三三八）になると、興福寺も関務を要望したため、兵庫関は南北に分割された。そして、興福寺が南関の入港料を、東大寺が北関の年貢の運搬船にかける入港料（升米）と置石料（船舶に課された税）を徴収することになったのである。

永享六年（一四三四）二月の『満済准后日記』の記事には、満政と兵庫関をめぐる興味深い指摘がなされている。当時、洛中の土倉は土倉役を負担することにより、唐物（中国からの輸入品）の荷揚げの場として、兵庫関を利用する特権を保持していた。そこで、義教は赤松満政を通じて、兵庫関を直接支配しようと考えた。当時、日明貿易がもたらす利益は大きく、重要だったことを考慮したのだろう。しかし、兵庫関を召し上げて御料所（幕府の直轄領）にするには、大きなリスクが伴うのは明らかだった。そこで、義教は満済に指示して、管領を務めていた細川持之に調査を命じたのである。

すでに、満政は公方御倉に関わっており、幕府財政に携わる重要な立場にあった。義教が満政に兵庫関代官を命じようとしたのは、そのことと無関係ではないだろう。満政が義教から信頼されていたのは、疑う余地がない。

†満政と和歌・連歌

先にも取り上げたとおり、赤松氏一族は文芸に通じており、もちろん満政も例外ではなかった。室町邸の連歌会において、たびたび満政は御文台役として書記を務めており、これも将軍家と密接に繫がっていた証左となろう。

満政が将軍の主催する月次和歌会と連歌会に頻繁に出席していた。義教が月次和歌会と連歌会を催した理由は、自身が将軍として相当な文化的器量を保持していたことを顕示する目的があったと指摘されている。それは、義教の政権運営の一環に位置づけられ、教養の側面からも将軍権威の確立・強化を目指すことを意味していた。つまり、単なるお楽しみでなかったのは、たしかなことである。以下、満政の和歌・連歌を取り上げることにしよう。

勅撰集の『新続古今和歌集』には、満政の和歌として「万代と　いはねをめくる　流まて　静にすめる　庭の池水」が収録されている。詞書として「左大臣家にて、池水久澄といふことを」が添えられている。この和歌の成立事情について考えてみよう。

満政が右の和歌を詠んだ時期は、正長二年（一四二九）四月二十二日のことである（『満済准后日記』）。この日、室町殿で月次和歌会が催され、そのときの題は満政が詠んだ和歌の詞書と同じ「池水久澄」だった。『満済准后日記』は、参加者について単に「武家輩」としか記していないが、状況から推し量って、満政の姿はこの月次和歌会にあったと考えてよいだろう。

満政の和歌は、次のとおり神社に奉納する法楽和歌（神仏に奉納する和歌）の中にも見出すことができる。

〈1〉永享八年――『日吉社法楽百首続歌』『北野・日吉・石清水社法楽百首続歌』『石清水・春日・広田社法楽百首続歌』『石清水・住吉・新玉津嶋社法楽百首続歌』『北野社法楽百首続歌』

〈2〉永享九年――『住吉社法楽百首続歌』、『石清水社法楽百首続歌』

〈3〉永享十年――『石清水社法楽百首続歌』

〈4〉永享十一年――『石清水社法楽百首続歌』

〈5〉永享十二年――『石清水社法楽百首続歌』

〈6〉嘉吉元年――『石清水社法楽百首続歌』、『松尾社法楽続歌百首』

このように、満政の歌は多くの詠草類に収録されている。これは満政が和歌を好んでいた側面もあるかもしれないが、実際は付き合いという部分もあったに違いない。

永享期以降、故人の忌日に品経歌を収録した詠草が数多く残されるようになった。それは、満政も例外ではなく、『永享七年五月廿二日赤松満政母三十三回忌歌』が残されている。この詠草は、満政の母の三十三回忌にまとめられた。残念ながら、満政の母の事蹟は不明であるが、母を追慕して編まれたのである。

満政の和歌や連歌の巧拙は、判断し難い。しかし、満政は義教から信任を得て重用され、和歌会や連歌会に出席することで、さらにステイタスを上昇させたのである。

†将軍に仕えた赤松氏庶流

将軍に近侍する赤松氏庶流については、これまで赤松春日部家の持貞、貞村、赤松大河内家の満政を取り上げてきたが、実際に赤松氏の庶流の多くが将軍に近侍していた。ただし、記録類などに登場しながらも、系図に掲載されていない人物がいるのも事実である。その点で参考になるのが、後世に成立した『赤松家風条々録』である。同書の成立年は不祥ながらも、赤松氏の家格を示しており、実態に即しているといえよう。

赤松氏の家格は、御一家衆、御一族衆、当方年寄に分類されている。御一家衆は、七条（範資の系統）、伊豆（春日部家）、有馬、上野（こうずけ）、在田（ありた）、本郷、広岡、永良（ながら）、葉山の各氏で構成されている。大河内家は含まれていない。御一族衆は、赤松下野守家、別所氏といった守護代家など、十八家から成っている。御一家衆、御一族衆とも赤松氏庶流であるが、分類された基準は明確ではない。当方年寄は赤松氏の系統ではなく、播磨国内の国人が家臣として編成されたものである。

このように家格は分類されているが、難しい問題があるのも事実である。御一家衆、御一族衆、当方年寄のうち、その動向が明らかになる人物はわずかにすぎない。大半は関係史料を欠くので、その実態がわからないのである。加えて、当時の公家日記などに赤松氏一族の名が挙がっている人物であっても、赤松氏系図に名前がないことも珍しくない。今後、そうした人物の系譜を突き止めるのは、課題になるといえよう。

幕府の奉公衆の番帳『永享以来御番帳』は、永享から文正年間に幕府に仕えた人物を記している。そのうち、赤松氏の関係者の名前は次のように挙がっている。

〈1〉御相伴衆――赤松性具（満祐）

〈2〉一番衆――赤松義雅、赤松満政、赤松貞村、赤松則繁、有馬持家（ありまもちいえ）、赤松（広瀬）持方

満政と貞村については触れたので、それ以外の人物を紹介しよう。まず、義雅と則繁は満祐の弟である。則繁は「松ばやし」のところでも取り上げたが、華のある人物であった。しかし、応永三十一年三月、則繁は安東某を細川満元邸で謀殺し、逃走したという経歴の持ち主でもある（『満済准后日記』など）。

有馬持家はその名の通り有馬氏の一族であり、当時有馬郡を支配していた。持方は系図にあらわれないが、「広瀬」とあることから、範資の子である広瀬師頼の系譜を引く人物と考えてよいであろう。

『大将軍御拝賀記』（京都大学附属図書館所蔵　清家文庫）にも、帯刀として将軍に供奉し

た赤松氏の面々の姿を確認することができる。次のとおりである。

〈1〉永享二年——赤松則繁、赤松満政、赤松祐康、赤松持広

〈2〉永享四年——赤松三郎（則繁）、赤松修理亮、赤松兵部少輔、赤松掃部助（持広）、赤松右京亮、赤松弥九郎

〈1〉のうち赤松祐康、赤松持広は、赤松氏の系図で確認することができない。〈2〉に関しても実名の記されていないうえに、赤松氏の系図で確認できない人物である。このように赤松氏庶流は系図上にあらわれない者も含め、将軍に近侍した人物が多数いたことが判明する。彼らは将軍の直臣であり、赤松惣領家と比肩する存在だったことに注意すべきだろう。彼らは、赤松持貞の例で見たとおり、赤松惣領家に成り代わることが可能な存在だったのである。

第四章
社会情勢の変化——天災と疫病の時代

†世情不安な時代

現代社会においても、地震、豪雨などの災害、それに伴い生活基盤を失うことは大きな社会問題となっている。室町時代はいっそう顕著に、天候不順が農作物の収穫量に多大な影響を与えた。ここでは播磨国を中心として、一揆や飢饉を取り上げることにしよう。

すでに見たように、赤松氏は矢野荘に対して、さまざまな人夫役などを課していたのだから、その負担も百姓に重くのしかかっていたに違いない。以下、東寺領の播磨国矢野荘を取り上げるが、特に出典を明記しない場合は、「東寺百合文書」「教王護国寺文書」などの東寺関係史料に拠っている。

矢野荘は、現在の兵庫県相生市矢野町を中心とした東寺領荘園で、延久三年（一〇七一）に播磨国赤穂郡大掾の秦為辰が開発した私領（久富保）が矢野荘のベースになっていた。その後、秦氏は播磨守の藤原顕季に久富保を寄進し、それが美福門院得子（鳥羽上皇の皇后）に伝えられ、保延二年（一一三六）に矢野荘と改称されて美福門院領になった。以後の伝領過程は省略するが、正和二年（一三一三）に後宇多院が東寺に矢野荘（例名内領家分）を寄進し、東寺領荘園となった。矢野荘は関係史料が豊富で、荘園研究の代表的な研究素材の一つである。

足利義満が亡くなる前年の応永十四年（一四〇七）十月、矢野荘の損亡が明らかになった。損亡とは天候不順などによって、作物の収穫量が著しく減少することである。

この事実を記した「東寺廿一口供僧方評定引付」（供僧一臈という最上位の僧侶を含む二十一人の供僧で構成された会議の記録）の関係記事によると、この年の矢野荘の損亡によって、百姓から目安（一般には訴状のことであるが、この場合は要望書）が捧げられた。目安は評定で披露され、十石の減免が認められたのである。この年は、各地で不作だったようだ。ただし、旱魃や洪水など、どういう被害だったのかは具体的に明記されていない。

翌月にも百姓から重ねて起請文が捧げられ、さらに年貢の減免を求められたことが判明する。その結果、さらに五石の年貢軽減が認められ、合計十五石が免除された。しかし、十五石を減免しても、百姓の要求は止まらなかった。結局、田所（現地で荘園を管理する職）の玄舜が上洛して評定の面々に披露したところ、さらに十石が追加され、合計二十五石の減免となった。結局、当初認められた十石の二・五倍になったのである。

天候不順は応永十四年だけでなく、その翌年も続いた。

✝旱魃による大損害

応永十五年（一四〇八）九月、矢野荘は旱魃によって、稲が台無しになってしまった。どれほどの損亡を被ったのかを調べるため、百姓から検使を派遣するように要請があった。旱魃で百姓が困り立てたのは想像に難くないが、評定では調査を実行しないことになった。東寺にすれば、一年前も損亡により年貢を減免したので、もうこれ以上の百姓からの要望には応えられないということだろう。

矢野荘の百姓はそれでも諦めず、起請文を捧げて皆損（かいそん）であると主張した。皆損とは、作物の収穫がなかったということである。上野房なる者が上洛し、この状況を東寺に披露しても、少分の損免しか認められなかった。前年（応永十四年）夏の旱魃による損亡において、東寺としては、たびたび窮状を訴える矢野荘の百姓に応じざるを得なかった。しかし、この年までも年貢の納入がゼロでは困ってしまうので、厳しい対応をしたのだろう。旱魃は播磨だけでなく、全国的な傾向だった。

同年六月、少雨だった下野では、鎌倉府が鑁阿寺（栃木県足利市）の僧侶に対し、祈禱を命じた（「鑁阿寺文書」）。奈良の興福寺では、同年七月七日に雨を祈願して相撲を催した（「東院毎日雑々記」）。神事とはいえ相撲で雨乞いとは、いまの感覚では不思議な気もするが、たとえば元亨元年（一三二一）九月十六日に法隆寺で催された祈雨相撲が知られている（『嘉元記』）。効果があったのか、翌日から雨が降ったが、夜になると暴風雨となり、風による倒木被害などが生じたという。

東寺領荘園の上久世荘（京都市南区）でも、前年の応永十四年に水害に見舞われていた（「東寺百合文書」）。そして、当年の応永十五年は旱魃によって水相論、つまり水利をめぐる争いが起っていた。作物の栽培に欠かせない「水」の管理は厳重に行われ、無断使用は現代以上に重罪だったのだ。上久世荘の損亡は激しく、東寺は合計十二石の年貢減免に応じざるを得なかったのである。

翌年以降、赤松氏は菩提寺の宝林寺（兵庫県上郡町）の造営を行うため、矢野荘にも負担を求めたのだから、何ら配慮をしなかったと考えられる。

†続く矢野荘の損亡

矢野荘の損亡は、以後も続いた。応永二十年（一四一三）も焼田分の報告があり、二十石の年貢の減免が決定している。焼田とは日焼田のことで、日照り続きで水が枯れて乾ききった田、あるいは水の便が悪くて枯渇した田のことを意味する。その後さらに十石減免され、減免額は合計で三十石になった。

翌年も、矢野荘は損亡だった。しかし、この年はほかの東寺領は損亡はないのに、東寺はなぜ矢野荘だけなのか不審の念を抱いた。実は前年の夏、矢野荘には洪水によって損害を受けた田があった。東寺はこの部分を減免しなかったので、被害を受けた田は放置されたままだった。そこで、少しでも年貢の減免をして、年貢の収納を急ぐべきとの結論に至り、十石の減免を決定したのである。その後、さらに十石の減免が追加された。

応永二十二年（一四一五）には、矢野荘内の成円名と中三郎名の年貢が未進であることが判明した。名とは、年貢の徴収単位である。東寺はもっての外であるということで、当毛（その年の稲穂）を刈り取り、下地（田畑）については散田（耕作者がいない土地）にした。おそらく成円名と中三郎名の耕作者は、土地を放り出して逃亡したのだろう。ちなみに、この年も深刻な損亡だった。

矢野荘は応永二十二年も損亡だったので、供僧と学衆で計二十石の年貢を免除することにした。百姓は目安を捧げて、さらに年貢の減免を要望したが叶わず二十石の免除のままだった。しかし、名主らが連判した起請文を提出し窮状を訴えたので、三十石が免除され合計五十石、引き続き百姓による交渉が続いたことから十月に十五石、十一月に二十五石と交渉が実り、この年の年貢減免額は合計で九十石に達した。

翌年（応永二十三年）は二十石の年貢免除、応永二十五年は百二十石の免除が検討されている。応永二十六年からほぼ毎年のように矢野荘は損亡となり、年貢減免の措置が取られた。応永二十七年（一四二〇）に至っても、全国的な飢饉だったという（『看聞日記』）。

このような状況のさなか、満祐の播磨下国事件が勃発（応永三十四年）し、兵糧米が徴収された。百姓のみならず、多くの人々を不安に陥れたのは言うまでもない。

✝災害の時代

ほかの荘園も事情は変わらなかった。応永二十六年（一四一九）五月、東大寺領の大部荘（兵庫県小野市）からも、旱魃、水害、風害（旱水風損）によって、年貢の減免が求められた（「東大寺文書」）。大部荘における毎年の旱水風損の根拠史料は見当たらないが、事態は矢野荘と同様だったと考えて大過ないだろう。

応永二十九年（一四二二）十月、朝廷は幕府を通して、播磨守護の赤松氏に国衙天役を徴収することにした（『看聞日記』）。天役とは、朝廷に大儀・造営があったとき、臨時に賦課した雑税のことである。問題は「当年播州炎旱の間、難堪の由申す」とあるように、この年の播磨は日照りと旱魃で作物の生育が順調ではなかったことである。そのような事情にもかかわらず、播磨国衙から五千疋も徴収されたのだった。

災害は旱魃、水害、風害だけでなく、大地震や大洪水もあった。『鎮増私聞書』で確認してみよう。『鎮増私聞書』は、書寫山圓教寺の僧侶・鎮増の残した記録である。応永八年に師の慈伝が入滅したあと、鎮増は、現在の兵庫県高砂市にあった定願寺（のちに姫路市に移転）に住した。史料の内容は法華経の談義などがメインであるが、播磨の情勢についても詳しい。

応永十九年（一四一二）十一月、播磨で大地震があった。これにより各地の神舎（神社）、仏寺、家屋が破壊され火災が発生し、亡くなった人も多かったという。その被害は、定願寺のある米田（兵庫県高砂市）の東西約十里（約四十キロ）に及んだ。

実は、このあとの記述が興味深い。鎮増は、この世の終わりかもしれないと思ったと感想を漏らしたうえで、あとでよくよく考えてみると、「これは代々播磨守護を務めた赤松氏が滅亡する予兆であったと人々が噂している」と書き残しているのだ。赤松氏の滅亡とは、嘉吉の乱のことである。『鎮増私聞書』は、その記述が終わった文安二年（一四四五）頃にまとめられたのはたしかである。

応永三十二年（一四二五）七月には、米田で加古川の大洪水があった（『御廟講式裏書』）。大洪水によって各地の神舎（神社）、仏寺、家屋が流され、亡くなった人々は千余人に及んだという。しかし、不幸中の幸いで定願寺にはまったく被害がなかったので、これを契機として、翌年に寺を東坂本（兵庫県姫路市）に移したのである（『鎮増私聞書』）。

当時は、現在のように川にコンクリート製の堤防があったわけではない。人々の住む家屋も耐震性が優れていたわけではなかった。したがって、ひとたび災害が起これば、その被害は極めて甚大になったのである。

†一揆と疫病の時代

応永三十三年（一四二六）までの間、播磨は天災により作物の収穫が減っていた。赤松満祐が播磨への下国事件を起こしたのは応永三十四年のことで、先述したように危機を回避したが、試練はまだまだ続いた。

下国事件直後の重大な事件は、正長元年（一四二八）に勃発した播磨国の土一揆（つちいっき）である。土一揆とは、室町中期から畿内を中心として盛んに起こった農民、地侍の武装蜂起のことである。彼らは年貢の減免や徳政あるいは非法の代官の解任を要求して、荘園領主や守護、酒屋や土倉などと武力で争った。当時、酒造業の酒屋と質屋の土倉は、同時に金融業も兼ねていたので、ターゲットになったのだ。

もともと土一揆は京都や畿内を中心にして頻発したが、やがて播磨などの周辺国にも及んだ。正長元年に勃発した土一揆は、「正長の土一揆」と呼ばれ、広く近畿地方一帯に及んだ。『大乗院日記目録』には、「日本開闢以来、土民ノ蜂起是レ始ナリ」と記され、その文面から土民と呼ばれる百姓の激しい抵抗があったことを読み取れる。「東寺廿一口供僧方評定引付」は、正長元年十一月六日以降、土一揆の経過をこと細かに記している。

正長元年は、政治的にも社会的にも大きな転換点であった。この年は、義持の後継者として新将軍の義教が就任した年であり、天皇も称光から後花園に代わった。さらに言うならば、全国的に飢饉・疫病の流行した年でもある。こうした変化が、人々の間に不安を広げていた。

法華宗の僧侶の手になる年代記『妙法寺記』(『勝山記』とも)には、正長元年の大飢饉で、人々が数多く亡くなったことが記されている。『薩戒記』も、多くの人々が病死したと記す。当時、三日病が蔓延していた。三日病とは咳嗽、発熱などの症状が出るが、短時日で治る流行性感冒のようなものだったという。

『神明鏡』（作者未詳の年代記）には、飢饉により餓死者が数千万人に及び、鎌倉だけでも二万もの餓死者が出たと記している。発端は三日病だったというが、かなり悪性のものだったのだろうか。後世に成った史料にも、正長元年が大飢饉だったことが記録されているのは、この年の状況があまりに悲惨だったので伝わったと思われる。

†正長の土一揆

天災と飢饉、疫病の影響により頂点に達した人々の不安が、政治などへの不満として蓄積したことは想像に難くない。正長の土一揆は、こうした中で起こった。

発端は、正長元年（一四二八）八月に延暦寺（滋賀県大津市）の衆徒が釈迦堂に籠って五カ条の要求を掲げ、室町幕府に強訴したことだった。やがて、この動きは近江市中や京都市中にも広まり、日吉社（滋賀県大津市）や北野社（京都市上京区）の神人らも強訴に及んだ。彼らが強訴に及んだ理由は不明であるが、まもなく幕府が対応して解決し、事態は収拾した。

ことは解決したかに思えたが、同年九月、京都醍醐（京都市伏見区）で、土民が蜂起した。借用証文の奪取、質物の奪還、そして自ら私徳政を宣言した。土一揆勢は私徳政、つまり室町幕府の徳政令の発布を待たず、実力で徳政を行ったのである。土民蜂起の一報を受けた幕府では、細川氏、赤松氏が山科（京都市山科区）に急行し、一揆勢の動きに備えた。結局、土民らは蜂起を中断し、大事に至らなかった。

ところが、同月下旬になると、またも京都市中で土一揆が蜂起し、徳政を要求したのである（『薩戒記』）。同年十一月以降、土一揆の暴動は活発化し、もはや暴動は収まることなく、幕府でも対応に苦慮するようになった。そればかりか、守護などの被官人が土一揆に与同しないよう、呼び掛ける始末だった。

一揆の勢力は、京都市中を席巻した。土一揆勢は京都市中に火を放ち、その影響で空也上人御堂も焼失した。もちろん幕府は手をこまねいていたわけではない。禁制を掲げて、土一揆勢が酒屋・土倉に押し掛け、質物を強奪することを禁止した（「東寺百合文書」）。しかし、禁制の効果は乏しく、土一揆の勢いは止まらなかった。土一揆勢は東寺（京都市南区）に陣をおくと、下京周辺に出撃して荒らしまわっていた（「東寺百合文書」）。

土一揆は、京都からさらに奈良へと拡大した（『古記部類』）。徳政と号する悪党が西大寺、法華寺（以上、奈良市）周辺に集まり、集会を開いたという。悪党というのは、鳥見（奈良市）、生駒（奈良県生駒市）の馬借（馬で荷物を運んだ運送業者）だった。結局、筒井氏が不退寺（奈良市）まで出陣し、悪党勢力を鎮圧した。

一揆勢は鎮圧されたにもかかわらず再び勢いを盛り返し、奈良から山城方面にかけて蜂起すると、激しい攻防が繰り広げられた。こうした状況を受け、同年十一月に徳政令が発布されたのである。

『社頭之日記』によると、土一揆は近江、京都、奈良だけでなく、伊賀、伊勢、宇陀、吉野、紀伊、和泉、河内へと広がり、徳政を訴えたという。

†守護赤松氏の土一揆対応

幕府は徳政令を発布したものの、翌年になると再燃した土一揆の動きは畿内から播磨へと波及していった。この動きを最もリアルに伝えているのが、中山定親の日記『薩戒記』である。『薩戒記』正長二年正月二十九日条には、守護方の軍兵がことごとく土一揆勢に敗退した事実を記したうえで、「乱世の至りである」と結んでいる。土一揆の勢力は武家を凌ぐ勢力に拡大し、そのすさまじいエネルギーは、さらに播磨国へと飛び火した。驚いた満祐が播磨国に下国したのは、この直後のことである。

播磨における土一揆の展開を見てみよう。先述した前年十一月の時点において、京都などで勃発した土一揆は播磨にも影響していた。

のちの史料になるが、永享二年（一四三〇）正月の某光景田地売券（田地売券は土地売買の証文）によると、正長元年十一月十九日に土一揆の勢力が押寄せ、「中村の北殿」の伝来の文書ともども焼き払ったという（「伊和神社文書」）。焼き払われた伝来の文書とは、おそらく借金の証文の類で、証拠隠滅を図ったものと推測される。伊和神社（兵庫県宍粟市）は播磨の北部に位置していることから、この土一揆が播磨一国に広がった証左といえよう。同時に、借金の証文を焼き払った事例は、ほかにも事欠かなかったと想定される。この史料は後年に成立したものだが、事実を伝えていると考えてよいだろう。

もう少し、播磨国における土一揆の経過を見ておこう。土一揆勃発直後の十一月六日、「土一揆私徳政発向」の記事が見え、私徳政が行われていたことがわかる。土一揆の報を受けた守護赤松氏は、すぐに臨時人夫役等の免除を決定した（「東寺廿一口供僧方評定引付」）。満祐は土一揆に対抗すべく、矢野荘を「押し置く」という行為に出ようとした。満祐は矢野荘を差し押さえようとしたので、驚いた東寺側は慌てて赤松氏の奉行人・上原氏に相談を持ち掛けた。

その後、東寺側は所司代の浦上性貞に十貫文を払って、守護赤松氏との仲介を依頼した。そして、三宝院満済から守護赤松氏に対して、土一揆の件について寺家（東寺）は関係ない旨を伝えてもらった。その結果、守護赤松氏の書下が発給され、矢野荘の件は一件落着した。なお、解決に際しては赤松氏と満済に千疋、使者を務めた若狭法橋と赤松氏の奉行人・上原氏には二百疋が、東寺からそれぞれに礼銭として贈られた。
余談になるが、このような交渉ごとに際しては、交渉相手はもとより仲介者や使者にも礼銭が必要だったのである。

†困るのは耕作地の放棄

正長元年（一四二八）十一月、在京奉行人である上原性智は、現地の小河玄助から「播磨国で徳政を行った」と侍所に報告されたことを知った（「東寺百合文書」）。報告を受けた上原氏は、このような重大事を知らされていなかったので、大変驚いたようである。徳政令を発布した事情は詳しく書かれていないが、すでに触れたとおり土一揆が播磨国内に瞬く間に広がったので、すぐに対応せざるを得なかったのだろう。

徳政令の内容は、先に触れた某光景田地売券にある通り、売買や質流れした土地であっても、二十一年以内であれば取り戻せるというものだったようだ。土一揆勢力の実力行使的な私徳政では領民からの納得が得られず、公的な意味での徳政令の発布がなければ、領民の不満を押さえきれなかったと考えられる。ところが、徳政令を発布したにもかかわらず、土一揆は沈静化しなかった。

翌年の正長二年（一四二九）一月、播磨国を再び土民らの蜂起が襲った。土民らは播磨国中の侍を攻撃し、「侍を追放すべし」との強い意気込みで戦いに臨んだ（『薩戒記』）。この争乱によって、守護方の軍兵は命を失う者や逃亡した者もあったという。土民のパワーには、すさまじいものがあった。

この記事を書いた『薩戒記』の記主である中山定親は「一国騒動希代非法」あるいは「乱世の至」と評している。定親自身も播磨国における土一揆蜂起の一報を耳にして、驚天動地の心中だったのである。およそ武士の世にあって、百姓の激しい抵抗は想像もつかなかったのであろう。

この報を受けた満祐は直ちに播磨へ下向し、土民らの討伐に臨んだ。その主たる舞台は矢野荘だったので、東寺方は徳政令の発布や土民の蜂起に困っていたが、満祐の迅速な対応により事態は終息へと向った。守護奉行人は山野に逃げ隠れる百姓らを矢野荘に立ち帰らせ、耕作に専念させるよう命じた（「東寺廿一口供僧方評定引付」）。同時に、土一揆の首謀者については、厳しい処罰を科すようにした。

東寺側が恐れたのは、百姓の耕作地の放棄だった。年貢の収納ができなくなるので、赤松氏の措置は適切だったといえよう。このとき、守護方と東寺方の間で調整を行ったのが、先述した上原性智であった。東寺は播磨国や矢野荘の様子を性智に尋ね、相談したうえで意思決定を行っていた。東寺から性智に対して謝礼が払われたのは、もちろん言うまでもない。

†播磨国土一揆の後遺症

播磨国の土一揆の後遺症は、もう少し続いたようである。最近になって紹介された正長二年（一四二九）三月の「勧修寺経成書状」には、その一端が詳しく記されている（「尊経閣文庫雑纂文書」）。経成は伏見宮から国衙奉行職に補任されており、国衙領の支配を行う守護赤松氏と交渉を行っていた。

現実の国衙の状況は、守護赤松氏の苛政により「土民多く離散」「農桑等正体候ハし」という状況であった。実際の問題としては、守護赤松氏も困窮していた状況がうかがえる。守護赤松氏の苛政については詳しく書かれていないが、さまざまな役を課すなどし、百姓はその負担に困っていたのだろう。応永三十四年（一四二七）の赤松満祐播磨下国事件に際しては、矢野荘の例で取り上げたとおり、兵糧米の徴収などが行われた。それは矢野荘だけに限らず、播磨国内の諸荘園に広範に課されたと想定される。

播磨国の土一揆は鎮静化したように見えても、実際には現地で多くの百姓が苦しんでいた実態がうかがえる。経成は土一揆の勃発により年貢が十分に徴収できなかったので、「他足（多足）」で補ったという。これはほかの財源で補ったということだろうが、あくまで一時しのぎにすぎない。国衙領は、守護請の地だった。守護請とは、国衙領の年貢徴収を一定額で請け負うことである。経成は国衙領の年貢が徴収できなかったので、以後も守護赤松氏と交渉を続けなければならなかった。

話を矢野荘に戻すと、その後も混乱が続いた。正長二年三月、四月にわたって、矢野荘の人夫役、即位、大嘗会などの段銭が免除された（「東寺廿一口供僧方評定引付」）。これも、土一揆の影響によるものだろう。しかし、現地の守護方の面々は免除に納得せず、上京して窮状を訴えた。これに対して東寺側は、赤松氏の奉行人の上原氏に相談し、屋形（赤松満祐）のもとへと向かった。すると、満祐が段銭を免除するとの意向を示したので、同年五月になって現地の守護方の浦上氏らに伝えられたのである。

いずれにしても、正長元年の矢野荘は旱魃により不作だったので、年貢減免の交渉があったのは、これまでどおりである。永享年間以後についても、矢野荘は不作の年もあり、その都度百姓による年貢減免運動が繰り返されたことを付記しておきたい。

†白旗舞い降りる

赤松氏にとって土一揆は大変な危機であったが、それをどう認識していたのだろうか。当時の記録を見ると、おもしろいことを書いている。

『建内記』正長二年七月一日条には、伝聞として播磨国白旗城（兵庫県上郡町）に旗が降りてきたことを記し、「吉兆」であると結んでいる。このことは、足利尊氏が左大臣となり、天下を治めようとしたとき、白旗城で同様の出来事があった故事にちなんでいる。白旗は赤松氏にとって、幸運の証だったのだ。ちなみに白旗城と命名されたのは、足利尊氏の時代だったという。

『満済准后日記』正長二年七月四日条には、それが六月十九日のこととしたうえで、やはり「御代佳例吉事」と記している。応永六年（一三九九）の応永の乱のときも、白旗が降下したとも記している。白旗が降ってきたことは信じがたいが、赤松氏が一刻も早く支配の安定を望む気持ちのあらわれといえるだろう。あるいは、あえて赤松氏が情報を流したということも考えられる。

高坂好（こうさかこのむ）氏はこのときの白旗降下について、正長元年の播磨国土一揆後に赤松氏が自らの信頼を回復し、民心の動揺を鎮めるための心理的な作戦だったと評価する（高坂：一九七〇）。白旗が降下したのは史実とは認められないが、赤松氏はそう宣伝することで「吉兆」であることを広め、態勢を立て直そうとしたのだろう。

赤松氏の「白旗伝説」は、嘉吉の乱にも再現されることに注意する必要があろう。白旗城は兵庫県上郡町に所在した山城で、標高約四四〇メートルの白旗山に築かれた。国史跡に指定されている。白旗城の築城については、有名な伝承がある。

天永二年（一一一二）に赤松氏の祖とされる源季房（みなもとのすえふさ）が播磨守護に任じられ加古郡まで来ると、赤穂郡赤松荘の山中に瑞雲（ずいうん）（めでたい兆しとして出現する雲）があらわれ、その形が白旗に似ていたと聞き大いに喜んだ。そこで、赤松荘に館を築き、赤松氏と称したという。これは『赤穂郡誌』（一九〇八）で紹介された伝説だが、季房が赤松氏の先祖であるという確証はなく、この話には明確な史料的な裏付けがない。

宝暦十二年（一七六二）に平野庸脩（ようしゅう）が編纂した地誌『播磨鑑』にも同様の説が記されており、季房が不思議の霊夢により導かれたという。少し異なるのは、霊夢の中で白旗が降ってきたことについて、八幡大菩薩の化現（けげん）（神仏が人々を救うために姿を変えてこの世に現れること）であると記している。その場所が赤松荘近くの白旗山で、そこに城を築いて白旗城と称したという。ほかの編纂物にも、似たようなことが書かれている。

白旗城の築城の経緯は単なる伝承にすぎず、史実とは認めがたい。八幡大菩薩などと結びつけることにより、赤松氏の存在を際立たせようとしたのだろう。応永三十四年の赤松満祐播磨下国事件、播磨国内の旱魃に伴う不作そして播磨土一揆などにより、赤松氏の信頼は失墜しつつあった。赤松氏は播磨土一揆の鎮圧に成功し、加えて白旗が降下したという情報を意図的に流すことで、信頼回復と領国支配の安定を目論んだと考えられる。

†赤松氏に迫る危機

赤松氏は播磨国土一揆などの危機を乗り越え、将軍の足利義教とも円滑な関係を築いたが、少しずつ危機が迫っていた。それは、赤松満祐およびその一族の処遇に関するものだった。

永享九年（一四三七）二月、義教は正親町三条実雅（さねまさ）邸を訪れていた。このとき義教は、満祐から播磨・美作を取り上げることを考えていたようである（『看聞日記』）。残念ながら、その理由については詳しく書かれていない。その後も満祐の処遇は、たびたび話題として挙がっていたようであるが、この頃の二人の関係は良好であり、義教が満祐の邸宅を訪ねるほどであった。

同年十二月には、赤松氏と山名氏との間で諍いが生じ、一触即発の事態となった（『看聞日記』）。まさしく赤松勢が山名勢に押し寄せようとしたとき、義教が仲裁に入って、ことを収めたという。こちらも諍いとなった原因がよくわからない。義教が一方の肩を持ったわけではないようなので、公平な扱いだったといえよう。

翌年三月、赤松氏の家人である依藤氏ら四人が湯起請（ゆぎしょう）を行った結果、三人の手が焼けただれたので切腹したという（『看聞日記』）。それは「あや御料（烏丸資任（からすまるすけとう）の姉）に対する罪科であるか」と書かれているが、詳細はわからない。

湯起請とは、神判（神意によって犯罪人を裁く方法）の一種である。原告と被告に起請文を書かせたうえで、熱湯の中の石を取らせる。そして、三日（あるいは七日）の間、彼らを神社などに籠らせ、火傷の有無によって有罪か無罪かを決めたのである。普通に考えると、焼けた石を握れば火傷をするだろうから、赤松氏の家人たちは無実であるにもかかわらず、切腹に追い込まれた可能性もあろう。このことが満祐の立場にどう影響したのか判断し難いが、少なくとも満祐の心中は穏やかではなかったに違いない。

永享十一年（一四三九）六月には、永享の乱が鎮圧したことを祝して、義教が赤松満祐の邸宅を訪問した（『建内記』）。表面的には、何事もなかったのだろうか。

満祐、悩乱する

表面的には穏やかだったかもしれないが、満祐の心身は徐々に状態が悪くなっていった。『建内記』嘉吉元年（一四四一）六月二十四日条には、満祐が狂乱状態にあったので、永享十二年（一四四〇）は幕府に出仕していなかったと書かれている。満祐の精神状態が不安定になったのは、おそらく次に示す弟の義雅の一件であろう。

永享十二年三月、義教は突如として満祐の弟・義雅の所領をことごとく没収し、その所領を満祐、貞村そして細川持賢らに与えた（『建内記』）。この三人以外にも、義雅の所領は分与されたようだ。義雅の所領が没収された詳しい理由、そして義雅の所領の全容は、よくわかっていない。問題だったのは、貞村に摂津国昆陽野荘（兵庫県伊丹市）が与えられたことである。

義雅の所領のうち昆陽野荘は、満祐・義雅兄弟の父・義則が明徳の乱の勲功として与えられたものだった。義則は義雅をかわいがっていたので、あえて義雅に昆陽野荘を譲っていた。そのような事情もあったので、満祐は昆陽野荘を惣領家に留めるよう義教に懇願したが、要望は叶えられなかったと考えられる。

同年六月、満祐の身上について風聞が流れた（『公名公記』）。こちらも、詳しい内容まで記されていないが、良い噂ではなく、悪い噂だったと推測される。

満祐はさまざまな困難に直面しつつも、義教と良好な関係を保ちながら、幕政の一角を担った。しかし、一方では配下の者が切腹に追い込まれたり、弟・義雅の所領がことごとく取り上げられるなど不幸が続き、心中は決して穏やかではなかった。おまけに、満祐の身上について不穏な噂が流れ、やがて心身を病んでしまった。厳しい状況に追い込まれた満祐が良からぬことを考えたのは、いたしかたなかったのかもしれない。

第五章　嘉吉の乱勃発する

†あっという間の凶行

前章までに触れた情勢の中で勃発したのが、嘉吉の乱である。以下、特に注記しない限り、万里小路時房の『建内記』嘉吉元年（一四四一）六月二十四日・二十五日条によって経過を述べる。

年号が嘉吉と改まった四月、結城合戦での戦勝が報ぜられ、諸家で招宴が催された。満祐の子・教康（のりやす）は同年六月二十四日に自邸で義教を招き招宴を催した。教康の自邸は「西洞院以西、冷泉（れいぜい）以南、二条以北」と記されているので、現在の京都市中京区（なかぎょうく）槌屋町（つちやちょう）、薬師町、東夷川町、薬屋町付近にあった。招かれたのは、管領の細川持之、山名持豊、大内持世、畠山持永、京極高数という面々だった。ほかにも大勢の武将が出席したことだろう。満祐の姿がなかったのは、先述のとおり心身を病んでいたからである。

この招宴では、酒宴とともに赤松氏が贔屓にした観世流の能楽師により、猿楽が演じられていた。宴は大いに盛り上がったことであろう。宴たけなわの頃、突如として甲冑に身を包んだ武者十数人が乱入し、あっという間に義教を斬殺した。義教を殺害したのは、赤松氏の被官人である安積行秀だったという。

居合わせた諸大名はすぐさま逃げ出し、反撃することはなかった。わずかに大内持世、京極高数が抜刀し、防戦したという。武器を持ち合わせていなかった公家の三条実雅は、儀礼用の金覆輪の太刀を用いて応戦したが、耳や股の部分に傷を負った。隣室に控えていた近習の山名熙貴・細川持春らも反撃を試みたが、熙貴は命が助ったものの怪我をし、持春は片腕を切り落とされた。走衆（警固に当たった者）の遠山氏と持春は、帰宅後に亡くなった。そして、義教の首は赤松氏の手に渡ったのである。

教康と則繁は西国に落ち延びたが、誰一人として追い掛ける者はいなかった。この点について、『建内記』記主の時房は「言語道断の次第である」と激しい憤りを隠さなかった。結局、赤松氏の宿所が放火されたため、義教の遺体（首以外）を取り出すことができなかった。義教が赤松邸を訪問したとき、狂乱の噂のあった満祐は奉行人の富田氏の宿所に滞在していたので、そこから輿に乗って落ち延びたという。

軍記物語の『赤松盛衰記』には、満祐の書状を二通載せている。一通は、満祐が書写山に捧げた願文である。内容は、讒言により追い詰められた満祐が義教の討伐が成功することを祈念したものであるが、文面からして明らかな偽文書、いや創作物といえるだろう。もう一通は、満祐による幕府への宣戦布告状のようなものだが、こちらも文面から明らかなように、まったくの偽文書もしくは創作物にすぎない。作者が満祐の思いを斟酌して、作成したものと考えられる。

†義教の首

都は火の手が上がり、物取りが出るような物騒な状況だったので、心配した時房は内裏へと馳せ参じた。ちょうど後花園天皇は朝食を摂っていたが、燃え盛る様子を遠くから眺めていたという。門番には、厳重な警戒を命じた。やがて、管領の細川持之が後花園に面会し、一連の事態について奏聞（天皇に報告すること）することになった。

持之は「義教が殺されたことは、言語道断の次第です。ただし、若君様（義教の子・千也茶丸、七代将軍・義勝）がいらっしゃるので、天下のことは安泰ですからご安心ください」と後花園天皇に奏上した。天下というのは、京都を中心とした畿内のことで、朝廷や幕府の支配圏である。当代の足利将軍（義教）は死んでしまったが、後継者の千也茶丸がいるので問題ないというのだ。

これに対して後花園天皇は、「今日の物騒な出来事には非常に驚いた」としたうえで、「言語道断の次第」という感想を漏らした。そして、千也茶丸がいるので変わらず頼りにしている旨を述べた。持之も後花園も義教が死んだとはいえ、後継者がいるから安泰だという共通認識を示した。当時にあって、天下を成敗する将軍の存在がいかに重要だったのかを示している。

六月二十四日夜、赤松氏が宿所を放火したのに続き、満祐の弟の義雅と則繁も自らの宿所に放火し、そのほかの赤松氏一族やその被官人らも自邸に火を放って逐電した。ただし、一族の中でも、大河内赤松家の満政、赤松春日部家の貞村は「野心」がなく惣領家に従わなかった。その考えは、赤松義則の弟・有馬義祐（よしすけ）も同じだった。

満政らは将軍の近習でもあり、満祐に対抗しうる存在だったので、にわかに与同しなかったのである。同月二十五日には、諸大名が集まって評定が開かれ、西国発向（赤松氏追討）について話し合われた。

満祐の反逆に関しては、様々な情報が飛び交っていたようである。伏見宮貞成が『看聞日記』に「雑説種々雑多、委細不能記録」と書いたのは、その混乱ぶりを示している。義教の首のありかについても、多くの噂が流れたと考えられる。

義教の遺体は、結局どうなったのであろうか。義教が殺害された翌日、焼跡から遺体が見つかり、等持院（京都市北区）に安置された。義教の葬儀が執り行われたのは、翌月の七月六日のことである。葬儀ののち、義教には普広院と追号がなされた。

肝心の義教の首は、満祐によって摂津国中島（大阪市東淀川区）に運ばれたと、『建内記』は伝えている。葬儀ののち、満祐は義教の首を京都に返しており、相国寺（京都市上京区）の長老・瑞渓周鳳が播磨に下向して受け取った（『師郷記』『大乗院日記目録』）。『公名公記』によると、満祐は将軍の首を播磨国に運び、葬儀を行ったという説もある。現在、安国寺（兵庫県加東市）の裏手にある宝篋印塔は、義教の首塚と伝わっている。

†自業自得――辛辣な義教評

ここまで『建内記』によって、嘉吉の乱の経過を述べたが、重複する部分を避けて『看聞日記』にも注目しておこう。

『看聞日記』嘉吉元年六月二十四日条の嘉吉の乱当日の模様については、速報的なことしか書かれていない。赤松氏が義教を自邸に招き猿楽を催すなどしたところ、夜になって赤松氏の邸宅で喧嘩が起こった。騒動の内容についてよくわからない中で、三条実雅が怪我をして帰ってきたが、半死半生の重傷だった。義教がどうなったのかは、この時点ではわからなかった。やがて、赤松氏の邸宅が炎上すると、武士が東西を駆け回っていたが、取り乱しており無言だったという。

夜になると、赤松義雅の館が炎上し、その家人も自ら家を焼いた。その頃になって、伏見宮貞成は義教が討たれ、首を打ち落とされたことを知り、天を仰ぐと、ただ周章（しゅうしょう）するばかりだった。やがて、内裏に人々が集まったが、貞成は夜もよく眠れず、呆然としていたという。

万里小路時房は乱の当日、即座にその経緯を把握したようだが（『建内記』）、伏見宮貞成はまだ十分に状況を把握していなかったようである（『看聞日記』）。翌日になって、貞成はようやく乱の全貌を知ることになった。おそらく怪我をした三条実雅あたりから、詳しいことを知ったのではないだろうか。『看聞日記』は、乱の顛末を次のように記す。

猿楽を観劇しながら宴たけなわの頃、家のなかが騒々しくなったので、最初は雷鳴の轟く音かと思ったらしい。すると、障子を開けて武士が乱入し、義教の首を討ち取った。応戦した武士もいたが、山名煕貴、京極高数、遠山某の三人は討ち死にし、細川持春、大内持世も腰刀で応戦したが、敵を討ち取るに至らず、怪我をして引き下がった。管領の細川持之、細川持常、赤松貞村は、現場から逃走したという。

そのほかの人は右往左往するばかりで、腹を切る覚悟を示す者はいなかった。赤松氏は落ち延びたが、追い掛ける人もなく、諸大名が赤松氏に同心したのかと疑うばかりだった。つまるところ、義教が赤松氏を討とうとした計画が露見したので、満祐はそれに先んじて義教を討ったという。前章で義教が満祐にさまざまな嫌がらせをしたことに触れたが、貞成は『看聞日記』の中で、義教には満祐を討つ計画があったと記している。満祐が義教を討ったのは、「やられる前にやった」ということになろう。

結局、管領以下、守護および将軍近習らは、義教の遺骸を放置したまま、逃げ帰ったのである。義教の首が赤松氏の手に渡ったのは、すでに述べたとおりである。

義教暗殺の一件は、どのように評価されていたのであろうか。貞成は『看聞日記』で、かなり辛辣な感想を綴っている。貞成は義教の死を「自業自得」としたうえで、将軍のこのような犬死は古来その例がないとしている。これまで義教は世間からの評判が芳しくなかったが、その死は「自業自得」であると冷たく突き放されたのである。

†初動が遅い幕府側

義教の死後、室町幕府はどのように対応したのだろうか。次の将軍候補となった若君

(千也茶丸)は政所執事・伊勢貞国の宿所におり、警固が固められた。事件翌々日の二十六日、千也茶丸は、ほかの兄弟らとともに室町殿へ移った。一方で、将軍職に野心を抱いている可能性があった梶井門跡(義承)、鶏徳寺(けいとくじ)、聖賢院(しょうけんいん)らの三人については、鹿苑院(京都市上京区)に移して警固した。後継者は千也茶丸(のちの義勝)に決まっていたが、彼らの異議申し立てを警戒したのだ。

千也茶丸が成人するまでは管領の細川持之が政治を担当し、かつて義教から咎めを受けた人々は、持之の裁量で許されることになった。義教の死後、当時の慣習に従って、正室の正親町三条尹子をはじめ女房(五、六人)は落飾(出家)した(『師郷記』など)。『看聞日記』によると、事件から三日後の六月二十七日には満祐を追討すべく、細川氏、山名氏、赤松氏(惣領家以外)などの諸大名が発向すると書かれているが、実際はすぐに動かなかった。二十六日、持之は小山持政ほかの東国の諸大名に宛てて、二十四日に義教が満祐によって討たれたこと、すぐに満祐を討伐すること、若君が跡を継いだので安心すべきことなどを伝えている(「井口文書」)。持之にすれば、動揺を鎮めるべく、関東の諸将に事実関係と今後の対策を急いで報告したということになろう。

とはいえ『建内記』嘉吉元年七月六日条によると、乱から十日以上を経過しても、十分な対策が行われなかった様子がうかがえる。この日、義教の葬儀が行われたが、赤松氏討伐のための軍勢発向が遅れており、万里小路時房は「思いがけないこと」と記したうえで、「今月中に少しは軍勢が向かうのだろうか」と感想を漏らしている。その一方で、赤松氏が討伐された暁には、備前・美作の守護職は軍功のあった人に与えるとか、播磨守護についてはふさわしい人物の人選が必要なことなど、人事の方針はほぼ決まっていた。

七月十日以降から、赤松氏討伐の軍勢が発向する。最初に出発したのは、赤松氏一族の貞村だった。翌七月十一日には、細川持常、有馬義祐、山名教之の軍勢が播磨に向かった。『東寺執行日記』には、このほかに細川持親、同成之、赤松教弘らの名前を挙げているが、彼ら以外に出陣した武将もいたに違いない。

†祈願を依頼

現代とは違って、前近代社会では神仏を恐れ、崇拝する意識が大きかった。幕府や朝廷は神仏に祈願して、この難局を乗り切ろうとした。満祐の討伐は、広く寺社を巻き込んでの一大事となった。

嘉吉元年七月七日、東寺（京都市南区）では播州静謐（せいひつ）（赤松氏退治）を祈願して、五壇護摩（ごだんごま）（五壇の法とも）が催された（「東寺廿一口供僧方評定引付」）。五壇護摩とは、天皇や国家の祈りに際し、息災・増益・調伏のために五大明王を東・南・西・北・中央の五壇に祭り行う密教の修法のことである。五壇護摩の実施に際しては、武家伝奏の中山定親が赤松氏退治という本意が速やかに遂げられるよう、東寺に祈禱の依頼をした（「東寺百合文書」）。赤松退治の祈禱を行ったのは、東寺だけではなかった。近江国の園城寺（滋賀県大津市）や奈良の七大寺（東大寺・興福寺・元興寺・大安寺・薬師寺・西大寺・法隆寺）に対しても、赤松退治の祈禱を行うよう下知された（『薩戒記』）。

鞍馬寺（京都市左京区）でも代々逆徒を退治した佳例にならって、赤松退治の祈禱が催された（『門葉記』）。祈禱が行われたのちには、百日以内に赤松満祐の首が都大路を渡り、獄門に掛けられることを祈念したのである。

その間も幕府は、各地に軍勢催促を行った。嘉吉元年七月四日、小早川氏、益田氏、吉川（きっかわし）氏といった中国方面の武将に対し、赤松氏を討伐すべく出陣を要請した（「小早川家文書」など）。史料こそ残っていないが、幕府による各武将への軍勢催促は、これ以外にも行われたと考えてよいだろう。

持之は片岡次郎左衛門入道に対して、豊原六郷（岡山県瀬戸内市）の野伏を動員し、播磨に出陣するよう命じた（『建内記』）。豊原六郷は公家・四条隆夏（たかなつ）の所領であり、片岡氏はその代官を務めるとともに、幕府奉行人・飯尾（いいお）為経（ためつね）の配下でもあった。幕府の軍事動員は守護や国人だけに止まらず、野伏など広範な対象へと広がっていたのである。

†一丸になれない幕府側

七月十二日には、山名持豊が斯波氏配下の朝倉氏の所領を取り上げることを決定した。というのも、朝倉氏は赤松氏の被官人と所縁(ゆかり)があったからだった。一種の連座と言えるのかもしれない。この件をめぐって議論が難航したが、仲裁する人があらわれて、何とか事態は収拾したようである。

同じ日の夜には、ほかにも物騒なことが起こった。管領の細川持之の人夫が草を刈ったところ、山名持豊の下部(身分が低い家臣)が「草を買いたい」と申し出たが、人夫はこれを拒否した。山名氏の下部は三銭で押買(不当に安い値段で買うこと)に及んだので、細川家の人夫は持豊の下部を打擲(ちょうちゃく)し、刀で顔を斬りつけたのだった。

さらにこの下部は陣立と称して、洛中の土蔵(土倉/金融業)に乱入し、質物を押し取った(あるいは借用すると称した)。土倉も対策のために鼠戸(ねずみど)(扉などに設ける小さなくぐり戸)を作り、質物を取られないように用心したという。管領の持之は山名氏の暴挙を制止すべく、たびたび使者を遣わしたが、「知らない」などと回答されて無視される始末だった。時房も山名氏について、「もっての外である」と断じている(『建内記』)。

最終的に山名氏が下部の無道を詫び、その首を斬ることで事態は収まった。幕府は一丸となって赤松氏討伐に取り組む必要があったが、肝心の管領・細川氏と侍所所司の山名氏が争闘に及ぶ有様で、この間も赤松氏は着々と幕府軍を迎え撃つ態勢を整えていた。

†反乱は計画的だったか

嘉吉の乱は、追い詰められた満祐が自棄になって反乱を起こしたとされている。日頃から主君・義教に嫌がらせを受けていた満祐が、その挙句に討伐されたという風聞が流れたからだった。だが、満祐は義教を暗殺する際に、周到な準備をしていたと考えられる。

嘉吉の乱が、それまでの反乱と違っていたのは、まず現職の将軍を殺したことだ。幕府は辛うじて幼主（千也茶丸）を新将軍に擁立したものの、大混乱に陥った。すぐに幕府は赤松氏を追討することができなかったので、赤松氏は播磨に下国して臨戦態勢を整えることができた。この点が重要である。

満祐は、義教の討伐後を見据えて、将軍と天皇の候補を準備していた。満祐から天皇候補に目されたのが小倉宮の末子、将軍候補は足利義尊であった。

『建内記』嘉吉元年七月十七日条には、「南方御子孫小倉宮の末子を赤松が盗み奉った」との記録が見える。候補と目されたのは小倉宮自身ではなく、その末子ということになる。幕府方から見れば、擁立ではなく「盗み奉った」と感じたのだろう。

小倉宮の末子を擁立した一件は、万里小路時房の記事でしか確認することができず、ほかの記録には見えないが、満祐は長期的な視野に立って、独自の政権構想を描いていたと考えてよいだろう。『建内記』の同日付条によると、先の文章の脇に「後に聞く。この儀無しと云々」とあることから、残念ながら小倉宮の末子の擁立は実現しなかったと考えられるが、小倉宮とはいかなる人物なのであろうか。

南朝の後亀山天皇の何人かの皇子の一人に恒敦宮（つねあつのみや）がいる。彼こそが小倉宮と称せられる人物であるが、その関連史料は大変乏しく、応永二十九年（一四二二）に没したことを伝えるにすぎない。

むしろ注目されるのは、恒敦宮の子だった二代目の小倉宮（聖承）である。以下、先述した北畠満雅の反乱と若干重複するが、小倉宮を中心にして改めて触れておこう。

†南朝・小倉宮

応永二十二年（一四一五）、伊勢国の北畠満雅は、後亀山の吉野（奈良県吉野町）への出奔を受けて伊勢で挙兵した。さらに、その八年後に、満雅は鎌倉公方の足利持氏と呼応して挙兵した際、「南方宮」を擁立していた（『看聞日記』）。挙兵の際、北畠氏は天皇の権威を必要としていた。この点は非常に重要であり、北畠氏はやみくもに挙兵したのではなく、正統性や求心性を担保するために、入念な準備を行っていたのである。正長元年（一四二八）八月になると、満雅は再び挙兵し、小倉宮（聖承）を擁立した。その事情をもう少し掘り下げてみよう。

ほぼ同じ頃、称光天皇の病状が思わしくなく、新帝即位の話が持ち上がっていた。問題だったのは称光天皇に子供がなく、後継者を誰にするのか揉めていたことである。小倉宮はこれを好機と捉え、密かに居所の嵯峨（京都市右京区）を脱出すると、満雅を頼りにして伊勢に下向した。小倉宮は、皇位継承の機会を狙っていたのである。

満雅は小倉宮を擁立すると、鎌倉公方の足利持氏と連携し挙兵した。持氏は、言うまでもなく将軍家の一族である。満雅は天皇家の血を引く小倉宮、そして将軍家の血を引く鎌倉公方の存在を後ろ盾としたのだ。ただし、小倉宮の目的は皇位奪還にあり、そのために満雅を頼ったにすぎない。同年十二月、この戦いは幕府から新伊勢守護として派遣された土岐持頼によって鎮圧され、満雅は伊勢岩田（三重県津市）で敗死した。

満雅の挙兵は失敗に終わったが、重要なのは満雅のあとを継いだ顕雅が幕府に降伏した際、赤松満祐と三宝院満済がその宥免（ゆうめん）に尽力したことである。顕雅の所領安堵は、小倉宮の京都帰還と並行して進められた。満祐は小倉宮を擁護していたので、このときに何らかの接点を得たのではないだろうか。こうした一連の経過は、満祐が嘉吉の乱後に小倉宮の末子を擁立する背景になったと推測される。

京都帰還後の小倉宮には、過酷な運命が待ち構えていた。小倉宮は幕府と交渉し、生活を支えるための経済的裏付けとして、諸大名からの援助を得ることが決定した。しかし、その納入は常に滞りがちで、小倉宮は経済的に困窮して不満をこぼすようになった。そのような事情もあって、永享六年（一四三四）二月、ついに小倉宮は出家したのである。

幕府の南朝皇胤（こういん）に対する基本方針は、出家させて僧侶にすることだった。小倉宮が出家したことは願ったり叶ったりで、幕府の思惑通りになったが、逆に小倉宮は南朝皇胤が断たれるという、強い危機意識を持ったのではないだろうか。それどころか、ますます「南朝を再興する」という思いが深まった可能性すらある。

小倉宮が苦境に追い込まれる中、満祐も義教から執拗に目をつけられ、討伐される危機に瀕していた。謀叛を計画していた満祐が小倉宮に連絡を取り、擁立する話を持ち掛けたことは、あながち否定できないだろう。小倉宮は満祐が幕府との戦いに勝利した場合、北朝の天皇に代わって、皇位継承が叶うと考えたかもしれない。

満祐は義教を襲撃する際、事前に小倉宮の擁立を計画していた可能性が高いのであるが、何らかの理由によって実現しなかったと推測される。

†観応の擾乱と足利義尊

次に、将軍の候補として満祐に擁立された足利義尊について、いかなる人物なのか触れることにしよう。義尊の父は、足利直冬の子・冬氏である（つまり、直冬の孫）。直冬の実父は尊氏である。直冬は将軍家の血筋を引いていたが、観応の擾乱（一三五〇～一三五二）では反幕府勢力、反尊氏派となり、尊氏に叛旗を翻した。

直冬の養父は尊氏の弟・直義である。直義は、尊氏の要請を受けた尊氏派である執事の高師直と激しく対立した。観応元年（一三五〇）十一月、直義は光厳上皇から追討令が下されたことを知ったので、尊氏に対抗すべく同年十二月に南朝に降った。その際、直冬は直義と行動をともにしたのだ。その後、直義は尊氏と和解したが、直冬は依然として南朝に身を投じたままだった。

直冬は主に山陽・山陰地域に拠点を保持し、同じ南朝方の山名時氏とともに、東上の勢いを見せていた。延文三年（一三五八）四月に尊氏が没しても、直冬の勢力は衰えなかった。しかし、貞治二年（一三六三）九月に山名時氏が南朝から離脱して幕府に帰順すると、直冬は貞治五年（一三六六）を最後に史料上から姿を消す。その間、直冬は一貫して南朝方にあり、「吉川家文書」にも関連する発給した文書を残している。直冬が最後まで南朝方に与していたことには、注意を払うべきであろう。

直冬の子・冬氏は、その生涯に不明な点が多く、残念ながら生年は不詳である。「足利系図」などによると「中国武衛」と呼ばれ、法号を「善福寺」としていたことが確認できる。武衛とは将軍を意味することから、南朝側から「中国地方を統括する将軍」程度に位置付けられていたのだろう。では、法号の「善福寺」とは、何を意味するのだろうか。

それは、岡山県井原市の重玄寺が所蔵する「重玄寺文書」がヒントになる。同寺の知行目録には「善福寺大御所」と見え、この「善福寺大御所」が冬氏であると指摘されている。相国寺（京都市上京区）の僧侶・宝山乾珍は冬氏の弟だが、「善福寺大御所」（冬氏）の菩提を弔うため、田畠を寄進したという。御所とは、親王、将軍、大臣などの住居のことを意味し、重玄寺に程近いところには、善福寺という曹洞宗寺院が存在した。つまり、冬氏は現在の井原市付近に住んでいたと言えよう。冬氏が重玄寺、善福寺の周辺に居を構えた事情は不明であるが、周囲から将軍家の血を引く貴種として尊重されていたのは間違いない。以上の点を踏まえて、もう少し義尊の動向を探ることにしよう。

井原御所と称された僧侶

義尊が史料上に登場するのは、『建内記』嘉吉元年七月十七日条が初見である。同条によると、直冬の子孫の禅僧が満祐に播磨国内に迎えられて擁立され、「将軍」と称したと書かれている。もちろん、正式に将軍宣下を受けたわけではなく、自称したものである。

義尊には義将という禅僧の弟がいたが、播磨国へ逃れようとして、備中国守護細川氏に討たれたという。その首は、七月二十八日に京都に運ばれた（『建内記』）。義将は、重玄寺の僧侶で開基とされている（『重玄寺古過去帳』）。義尊は善福寺で僧侶になっていたが、その前半生はほとんど知られていない。嘉吉の乱の時点で、義尊は二十九歳だったので、応永二十年（一四一三）の生まれとなる（『東寺執行日記』）。義尊、義将の兄弟は、ひっそりと僧侶として生活を送っていたのである。

『建内記』同年八月二十一日条には、禅僧が「井原御所」と称し、名を「義尊」と改めたことを記す。満祐は将軍の通字の「義」を用いて、井原御所を義尊と名乗らせることで、事実上の将軍とみなしたのである。そして満祐は、義尊の名前を使って、各地に軍勢催促を行ったという。時房が『建内記』にその文面を記していないのは惜しまれるが、将軍の発給する御判御教書を模したものである可能性が高い。

このことに気付いた幕府は、早々に対策を講じた。幕府は義尊の花押を写し取り、その花押を据えた文書を持つ者がいれば、召し取るように各地の関所に通達したのである。幕府は義尊の軍勢催促を無視しえず、一定の効果を持つことを危惧していたと考えられる。

幕府にとっては、将軍家の血筋を引く者が赤松氏に与したので、実に面倒なことになったと考えたに違いない。義尊の存在は、一定の効果があったようだ。

†満祐が義尊を擁立した理由

満祐が義尊を擁立した理由については、幕府に対抗するために軍勢を募るだけであって、天下を欲したわけではない、と思われているかもしれない。結果的に赤松氏は滅亡したので、その辺りの詳しい事情は不明である。改めて満祐が義尊を擁立した理由や背景を整理すると、次のようになろう。

〈1〉義尊は将軍家である足利氏の血を受け継いでおり、新たに将軍として擁立するにはふさわしい血統の人物であること。

〈2〉満祐は義尊を播磨国へ迎え、あえて「井原御所」と称しているのは、正式な将軍宣下を受けているかは別として、内外に将軍として認識させるためだったこと。

〈3〉義尊の名前が将軍家の「義」の通字を使用していることから、少なくとも将軍を意識していたと考えられること。

満祐は義教を討つ際、あらかじめ義尊を将軍として擁立する準備を周到に進め、幕府に対抗しようとしたことは明らかである。そうでなければ、わざわざ将軍家の血筋を引く義尊を将軍のような形で自陣に迎え入れないだろう。

満祐は将軍とみなした義尊を擁立して入洛し、自らは将軍を補佐し、天下を掌中に収めたいと考えたのだろう。『赤松盛衰記』に書かれている「日の将軍」とは、満祐が義尊を敬った言葉である。満祐は井原にいた義尊のもとへ、百騎の侍を遣わして自軍に与するよう説得した。義尊はこれを受け入れ、坂本（兵庫県姫路市）へ向かったのである。

『赤松盛衰記』は後世になった軍記物語であり、多少割り引いて評価すべきかもしれないが、満祐の将来的な構想を考えるうえで示唆に富む記述である。満祐は備中国井原の武衛（義尊）を尊び敬い、「日の将軍」と号し、日を経ず上洛して一家天下の執権となり、国土を掌握しようとしたことは疑いない。

満祐が自ら天下を握ろうとせず、将軍を奉じようとしたのはなぜだろうか。そもそも家格の問題があったので、満祐が天下を取り将軍になるということは現実的ではない。当時の観念としては、足利家以外の者が将軍の座に就くことなどありえなかったに違いない。その点は、満祐自身もよくわかっていたはずである。むしろ、満祐は将軍の権威を利用して軍勢を募り、幕府との戦いに勝利した暁には、将軍を補佐しつつ天下を差配しようとしたのではないだろうか。その方が明らかに現実的である。

これまで満祐は侍所所司などの幕府の要職を歴任し、幕政にかなり通じていた。将軍さえ擁立すれば、あとは自らが執権（管領）となり、天下を差配することも可能であると考えたのだろう。満祐は幕府に対して、決して無謀な戦いを挑んだのではなく、その後の展開まで計算をしていたに違いない。それは、先述した南朝方の小倉宮を探し出し、天皇の権威も利用しようとした点からも明らかである。

†満祐は天下を狙ったのか

このように考えるならば、義尊による軍勢催促は単なる防戦というよりも、義尊を将軍として擁立し、新たに幕府を作る構想があったと解すべきだろう。満祐は義尊の名のもとで軍勢を募れば、義教に反感を持っていた諸大名が味方になると考えたに違いない。事実、『建内記』嘉吉元年七月二十六日条には、播磨に在国していた満祐が八月三日に京都に討ち入るとの風聞が流れている。一方、幕府は赤松氏を討伐すべく各地に軍勢催促を行っていたが、満祐も幕府に対抗すべく、守護らを自陣へ引き入れる工作を行った。

義教の没後、すぐに幕府は子の若君・千也茶丸を後継者に据えたが、これは幕府の存在を内外に広く知らしめるためだった。実は、まだ幼かった若君は元服をしておらず、同年八月になって後花園天皇から義勝の名を与えられ、将軍を意味する「室町殿」と称された。元服して将軍宣下を受けたのは、嘉吉二年十一月のことである。このとき義勝は、まだ九歳だった。

幕府としては将軍不在の状況で赤松氏討伐が困難と考え、早急に義勝を後継者に据えざるをえなかった。細川持之が小山氏らに対し、義勝が後継者になったことを伝えたのは、将軍の存在が重要視されたことにほかならない。もう一つ重要なのは、義勝は将軍宣下をすぐに受けていないが、将軍とみなされたことである。将軍宣下=将軍就任が正式なルールであるが、後継者が存在して周囲から将軍とみなされることが重要だったのだ。

それは、天皇の存在も同じである。仮に目論見どおり、満祐が小倉宮を新天皇にすることができれば、新将軍の義尊とともに、天皇と将軍を戴くことになる。そうなると、形式の上で国家としての体制を整えることとなり、軍勢も集まりやすくなったに違いない。幕府を倒した暁には、政権として天下を差配することも可能だ。

小倉宮については、仮に擁立したところで朝廷から正式に天皇として認められるわけがなく、天皇の証である三種の神器も保持していなかった。その点は、将軍宣下を受けていない義尊と同じであるが、天皇としての権威を保持しえたのだろうか。

小倉宮と義尊が天皇や将軍に就任していなくても、周囲がそう見なせば大きな意味があった。そうでなければ、満祐がわざわざ二人を探し出して擁立する意味がない。満祐が義尊の名のもとで軍勢催促を各地に発したのは、効果があると考えたからである。仮に、満祐が小倉宮の擁立に成功していたならば、その名のもとで各地に軍勢を促したに違いない。

嘉吉の乱は満祐の突発的な行動が原因とされ、さしたる展望がなかったといわれている。しかしながら、満祐の一連の行動を見る限り、ある種の「新幕府」のようなものを構想していたと考えられる。したがって、従来説の計画性がないという指摘は、今後さらに検討する必要があろう。

†播磨へ下向した幕府軍

満祐の目論見は、決してシナリオどおりに進まなかった。また、満祐の謀叛の理由や背景については、さまざまな噂が流れていた。以下、その後の流れを確認しておこう。

『建内記』嘉吉元年七月十七日条によると、管領の細川持之は満祐が謀叛を起こすこと知っていたのではないかと、人々が噂していたという興味深い記事がある。一部の人々は管領のもとに押し寄せようとしているとの浮説があったが、持之は七月十五日に分国の摂津に下向しており、そのような抗議行動はなかった。

嘉吉の乱で傷を負った大内持世は、間もなくその傷が原因で亡くなったが、持世も管領の持之が満祐に与同していたのではないかと疑っていた。そこで、持世は亡くなる際、生き残った配下の者を管領のもとに馳せ向かわせ、切腹するようあらかじめ遺言していたという。万里小路時房は「このような天下の浮説が流れるのは、天下が静謐でないことであり、天魔の所為である」と驚いた。しかし、この遺言の噂は誤りで、持世は生き残った者に対して、播州に出陣するよう言い残したというのが真相だった。

同年七月十一日、京都を出発した細川持常を中心とする討伐軍は播磨に下向し、翌月の八月十六日に攻め込むのではないかと予想されたが、七月二十六日の時点でいまだ西宮にも達していなかった。討伐軍がぐずぐずとしていたのには、もちろん理由があった。

七月二十六日の時点で、八月三日に赤松氏が京都に攻め込んでくるとの風説が流れていた。そこで、管領の細川持之は京都の西郊に木戸や逆茂木を築くよう命令し、赤松氏の侵攻を食い止めようとした（『建内記』）。時房が「最近、いろいろな噂が流れているが、信用するに足りない」と感想を漏らしているとおり、赤松氏は京都に攻めて来なかった。

†満祐を利するニセ情報

信じるに足りない説としては、赤松氏に関するものもあった。

京都から落ち延びた赤松氏は、途中で石清水八幡宮（京都府八幡市）に立ち寄って旗竿を切った。それは一行が無事に帰国できる佳瑞（吉兆）だったので、赤松氏は道すがら何事もなく播磨国に帰国することができた。赤松氏の人々は、歓喜に沸いたという。こうした噂が万里小路時房の耳に入ったのだが、「いったい誰が見聞きしたというのか。信用できず不審である」と率直な意見を書き記している。噂はそれだけではなかった。

石清水八幡宮の八幡安居（やわたあんご）の頭人からご託宣があり、今回のこと（義教の謀殺）は人間（赤松氏）の行ったことではなく、大菩薩の所行であると啓示された。大菩薩は赤松氏を擁護するため、播磨国に滞在しているのだとも記す。

さらに幕府軍進発の際、赤松貞村が落馬し、細川持常の目が病に犯されたとの噂が流れた。また、馬を放ったところ、播州城（白旗城のことか）に居ついて逃げなかったという。この馬は神馬であり、神の影向（ようごう）（神仏が仮の姿をとって現れること）を賜ったとある。

こうした出来事はすべて「信用に足りない」と記されているが、赤松氏の勢いを感じさせる噂である。時房が記しているように、この風聞のニュースソースは不明である。あるいは、赤松氏が情報操作のため、あえて洛中に流したとも推測される。

『公名公記』嘉吉元年七月二十七日条には、兵庫に赤松氏が攻め込むのではないかとの風説が流れた。七月二十日付の細川持之の軍勢催促状（細川教春（のりはる）宛）によると、赤松氏が播磨から兵庫へ出陣し、放火したことが記されている（「細川家文書」）。赤松氏が兵庫に乱入したのは間違いないので、単なる風説でなかったのは事実である。

七月二十八日、搦手（からめて）の大将である山名持豊以下の山名一族が京都から丹波を経て、但馬から播磨に攻め込む準備をしていた。大手の細川軍と山名軍による攻撃を計画していたのであろう（『東寺執行日記』）。とはいえ、この段階に至っても、細川氏、山名氏を中心とする幕府軍は、一向に赤松氏を討伐する気配がなかった。

†赤松満祐は朝敵か

幕府軍が手をこまねいている状況下において、朝廷は次の一手を模索していた。それこそが治罰の綸旨である。

七月二十六日、万里小路時房は訪ねてきた中山定親らと相談をしていた。赤松氏の討伐の指揮については、将軍が幼いので、管領の細川持之が代わりに下知を行っていたが、いささか心もとない点があった。そこで、持之は治罰の綸旨を申請しようと考え、その可否について議論を行った。その後、後花園天皇にお伺いを立てたところ、綸旨の発給は問題ないとされた。綸旨の文章や宛所（宛先）については、永享の乱のときに同様の綸旨を発給したので、その先例を踏まえて問題点を相談することになった。

ところが、実務を担当する時房の回答は、綸旨の申請が認められるのは本来なら朝敵に限られているという、誠に素っ気ない正論であった。朝敵とは、朝廷に対して叛旗を翻した勢力のことを意味している。さらに補足すると、赤松氏は将軍家の累代の陪臣なので、朝敵を追討する綸旨は発給できないということだった。幕府からの申請を検討した結果、時房は今回の一件は足利氏と赤松氏との私闘であるとの見解を提示し、綸旨の発給ができないという結論に至ったのである。

持之は時房の回答に対して、決して承服することがなかった。結局、廷臣たちは持之の熱心な説得に折れ、ついに綸旨の発給に同意したのである。四日後の七月三十日、綸旨の書記を担当する坊城俊秀は、文面を相談するために時房のもとを訪れた。時房は三十日が大赤口という軍事を忌む日なので、明日にして欲しいと要望したが、俊秀は容易に引き下がらなかった。時房は、綸旨の発給に納得していなかったのかもしれない。

そこで、時房は急いで綸旨の草案を書上げると、儒者で大外記の舟橋（清原）業忠に添削を依頼した。舟橋家は、明経博士（大学寮の明経道〔儒学〕の教官）の清原氏の流れを汲む学者の家柄だった。なかでも業忠は、「天下の学者皆之を師とす、清原の学大いに興る」と称えられるほどの学識を誇っていた（『碧山日録』）。

依頼された業忠は、霍乱（暑気あたりで起きる諸病の総称）と称して面会を拒否したので、綸旨の添削は思い通りに進まなかった。もしかすると、業忠も綸旨の発給に気が進まなかった可能性がある。そこで、時房は強引に業忠の邸宅に押しかけ、草案の添削を要請した。結局、業忠はこれに応じ、ようやく綸旨の草案が完成したので、俊秀は八月一日に後花園に綸旨の草案を披露したのである。

天皇自ら綸旨を添削

赤松氏の討伐を命じる綸旨の作成は、草案の作成と添削を経て、さらに後花園自らが筆を入れるという手続きによって進められた。通常は先例に従って、事務的に粛々と進められたので、天皇自ら筆を執るということは極めて異例だった。

綸旨の草案を一見した後花園は、その内容は差し支えないが、文章が少しばかり足りないと述べると、自ら筆を取って変更を加えた。こうした後花園の意欲的な態度を見る限り、早く政治的混乱を鎮めたいという、率直な気持ちがあったように思える。では、最初に作成された草案と後花園の添削したものとでは、どのような相違点があったのであろうか。

〔草案〕

播磨国凶徒の事、忽ち人倫の紀綱を乱し、なほ梟悪の結構に及ぶ。攻めて赦す無く、誅して遺さざる者乎。急速に官軍を遣はし、征伐を加へしめ給ふべきの由、天気候ところなり。この旨を以て申し入らしめ給ふべし。仍て執達件の如し。

〔添削後〕

綸言(りんげん)を被る(こうむ)にいわく、満祐法師ならびに教康、陰謀を私宅に構へ、忽ち人倫の紀綱を乱し、朝命を播州にふせぎ、天吏(てんり)の干戈(かんか)を相招く。然(しか)れば早く軍旅を発し、仇讐(きゅうしゅう)を報ずべし。忠を国に尽くし孝を家に致すは、唯(ただ)この時にあり。敢へて日をめぐらすなかれ。兼ねてまた彼と合力の輩、必ず同罪の科に処せらるべし。てへれば綸言かくの如し。この旨を以て申し入らしめ給ふべし。仍て執達件の如し。

前者の草案は、あっさりと命令を伝えている定型文にすぎないが、後者の添削後は内容がより具体的である。共通する部分は「忽ち人倫の紀綱を乱し」と「この旨を以て申し入らしめ給ふべし。仍て執達件の如し」の箇所だけで、残りはほぼ書き換えられている。文末の「この旨を以て申し入らしめ給ふべし。仍て執達件の如し」は定型の文言だから、そもそも手を入れる必要はない。これは部分的な添削というよりも、実質的には全面的な書き直しといってもよい。前者の草案が事務的であるのに対し、後花園の添削した綸旨の文面は、自身の赤松氏討伐にかける強い意思表明をしたものだった。

添削後の冒頭部分では、綸旨を発給する理由が明確に示されている。「陰謀を私宅に構へ」というのは、赤松氏が義教を自邸で討ったことである。

「朝命を播州にふせぎ、天吏の干戈を相招く」の「朝命を播州にふせぎ」というのは、

「天皇の命令を播磨国で遮っている」という意味になろう。赤松氏が天皇の命令を無視していることを明確にし、「朝敵」の名に値することを明記したのである。この部分が添削後の綸旨の一番重要な部分と考えられる。

続く「然れば早く軍旅を発し、仇讐を報ずべし」という箇所は、速やかな赤松氏の討伐を求めたものである。「忠を国に尽くし孝を家に致すは、唯この時にあり」は、後花園が臣下として本分を全うすることを各地の守護・国人らに求めたものである。「敢へて日をめぐらすなかれ」とは、時期を遅らせてはならないことを明言したものである。「兼ねてまた彼と合力の輩、必ず同罪の科に処せらるべし」という箇所は、赤松満祐らと与同する者がいた場合、討伐の対象になることを宣言したものだ。

後花園による綸旨の添削の意図は、決して定型文に止まることなく、より具体的な文面に修正することによって、満祐が朝敵であることをいっそう鮮明にしたのである。

†後花園が政治に示した意欲

ここまで後花園が綸旨の文面に強くこだわった理由を考えてみよう。嘉吉の乱が勃発した時点で、後花園は二十三歳になっており、以前より強い政治的な志向を持っていたのは疑いない。それは、永享十年(一四三八)十月に永享の乱が勃発した際、後花園が綸旨を発給したことにより、結果的に乱の終息を早めたという自信に裏打ちされたものだった。

綸旨など通常の公文書は、先に示した草案のように、あっさりと先例にならった事務的な場合が多く、定型文に少し手を加えたものにすぎなかった。ところが、後花園自身が筆を執った添削後の綸旨は、赤松氏を討伐するという強い意欲が込められていた。

義教の没後、幕府は混乱状態にあり、赤松氏の討伐計画が円滑に進んでいなかった。それゆえ、幕府は綸旨の発給を朝廷に依頼した。後花園は綸旨の発給という手段を用いることで、政治への参画を間接的あるいは積極的に果たしたのであるが、先例にこだわる公家たちの考えは異なっていた。綸旨をめぐっては、以後も面倒なことが続いた。

管領の細川持之は綸旨を受け取ると、速やかに綸旨案を征討軍の陣中に回付し、赤松氏討伐の大義名分を整えた。一方で、綸旨の発給は幕府からの強い要請によって、朝廷が応じたという形式で準備したことになった。本来の綸旨は朝敵を討伐する際に出されるので、あくまで例外扱いということである。綸旨の承認手続きについても事後承諾だった。

八月五日、ようやく綸旨の写しが、内大臣の西園寺公名（さいおんじきんな）のもとに回付されてきた。改めて綸旨発給のプロセスを確認すると、公家衆は決してあからさまに拒絶しなかったが、綸旨の発給手続に拒否反応を示していた。正規の手続きが踏んでいない綸旨の発給手続は、公家にとって強いフラストレーションが残ったに違いない。舟橋業忠が病気を装うなどしたのは、ささやかな抵抗でもあったのだ。

公名も自身の日記『公名公記』で「納得できないことだ」と強い不満の意を漏らしていた。公家にとって、今回の綸旨の発給が異常なものと写ったのは、あくまで先例を無視したからで、それゆえ首肯できなかったのだろう。

いっぽう後花園の赤松氏討伐への熱い思いは、綸旨の発給によって実現した。朝廷は軍事力を持たなかったが、綸旨の発給で幕府を側面支援したのである。とにもかくにも幕府は赤松氏討伐の綸旨を得て、本格的に戦闘態勢に入った。

†序盤戦の勢い

赤松氏追討の綸旨を獲得した幕府軍は、軍事行動を開始した。戦いの火蓋は、八月中旬にはすでに切られていた。

『建内記』嘉吉元年（一四四一）八月十四日条によると、美作国の垪和（はが）右京亮（うきょうのすけ）の居城が、播磨から出陣した赤松氏の軍勢に攻め込まれたうえに火を放たれ、城衆は逃げ出したという。垪和氏は、垪和郷（岡山県美咲町、久米南町、岡山市北区建部）に本拠を持つ国人である。万里小路時房は、垪和氏を官軍（幕府方）と記している。

備前国では、松田氏と勝田氏がいったん赤松氏の軍勢を追い払ったものの、再び合戦に及ぶと赤松勢に敗退し、備中国に引き退いたという。松田氏と勝田氏も官軍（幕府方）と記されている。勝田氏は、美作出身の国人であろうか。松田氏は、かつて備前守護を務めた一族と考えてよい。時房は細川氏領国の備中国の軍勢が支援しなかったことを疑問視しているが、まだ十分に態勢が整っていなかったのだろう。緒戦において、赤松氏は美作・備前の幕府軍を撃退し、勢いに乗ったのである。

一方の幕府方では、管領・細川持之が細川教春に出陣を促したが、なかなか応じる気配がなかった。十九日の出陣日まで日が残り少なかったにもかかわらず、教春は在国を引き延ばしているありさまだった。このままでは、「外聞実儀（見かけと実際）が一致しない」と持之は嘆いた。持春が出陣の準備をしないので、他家への軍勢催促すら及ばなかった（「細川家文書」）。持之は、すっかり困り果てていた。ようやく教春が重い腰を上げ、兵庫（神戸市兵庫区）に着陣したのは、八月十七日のことであった。

八月十九日、播磨で幕府軍と赤松軍の戦いがはじまった。場所は、塩屋関（神戸市垂水区）である。淡路国守護・細川持親の率いる軍船が塩屋関を焼き払うと、両軍から死傷者が出た。そこに幕府方の赤松春日部家の貞村らも出陣し、幕府軍を勝利に導いた。十九日における両軍の戦いは、『建内記』嘉吉元年八月二十一日条に記されているので、実際に合戦を見聞した者が、二日後に情報をもたらしたのである。

一方で、山名教清の率いる軍勢は、赤松氏の領国である美作国へ侵攻し、朝敵つまり赤松氏の軍勢を退散させた。美作における戦いが八月二十三日のことだったのは、細川持之書状（益田兼堯宛）により明らかである（「益田家文書」）。戦いの舞台は高尾城だったが、美作に高尾城はなく、現在の岡山市東区のものと混同しているのかもしれない。

この敗戦により、赤松氏の当初の勢いは、すっかり陰りを見せていた。赤松氏が遣わした義尊の花押を据えた文書を持つ使者を幕府軍が捕らえたのは、ちょうどこの頃である（以上『建内記』）。

†進撃の幕府軍

嘉吉元年八月十九日に塩屋関で赤松氏を撃破した幕府軍は、そのまま進軍を続け、蟹坂・人丸塚（兵庫県明石市）で赤松氏と交戦状態になった。蟹坂・人丸塚の戦いは、『建内記』などの日記類には見えず、軍記物語や感状の類にしか書かれていない。以下、同年九月に細川持之とその弟・持賢が吉川経信に送った感状など（「吉川家文書」）によって、合戦の経緯を取り上げておこう。

蟹坂・人丸塚の戦いがあったのは、八月二十四・二十六日の二日間である。この間の戦いは大変な激戦であり、吉川氏は高戸氏、田坂氏、沢津氏など多くの被官人を失った。吉川氏の被害状況を報告したのは、若狭守護の武田信賢（のぶかた）である。同様に細川氏の一族の細川教春も、多くの被官人を失っていた。持之は経信と教春の二人に対し、御教書と太刀一振を恩賞として与えた。戦いは幕府軍の勝利に終わり、赤松軍は敗走したのである。

万里小路時房は『建内記』で、満祐の弟・則繁が嘉吉の乱に積極的に関わったことを記している。八月二十六日の蟹坂・人丸塚の戦いで赤松氏が敗北を喫した際、則繁が退却すべく加古川（兵庫県加古川市）で船に乗ったところ、その船が転覆して溺死したという。時房は則繁が溺死したことについて、「天罰を逃れることができなかった。上から下まで含み笑いをしている。これで敵（赤松氏）も力を落としたことだろう」と感想を漏らしている。時房は則繁が赤松方の嘉吉の乱の中心メンバーだったので、怒りを隠せなかったのだろうが、これは誤報だった。

山名持豊や赤松満政の動きは、細川持之の書状によって、ある程度把握することが可能である（「足利将軍御内書幷奉書留」）。領国の但馬を進発（しんぱつ）した持豊は、但馬と播磨の国境付近にある赤松方の七宝寺（兵庫県神河町（かみかわちょう））の要害を攻め落としたという（合戦の日付は不詳）。赤松満政は、八月二十五日に赤松方の山王鼻構（兵庫県たつの市）を攻略した。幕府軍は播磨の北部と西部から赤松氏を攻略し、徐々に満祐らが籠る城山城（兵庫県たつの市）に迫ったのである。

なお、赤松貞村は蟹坂・人丸塚の戦いの勝利に気を良くし、八月二十六日に天台宗寺院の太山寺（神戸市西区）に野口村のうち十石を寄進した（「太山寺文書」）。これが戦勝祈願であったことは、疑いないであろう。

†追い詰められた赤松氏

その後、幕府は赤松氏の本拠の城山城に迫っていった。その行軍ルートについては、万里小路時房の『建内記』から追ってみよう。

『建内記』嘉吉元年九月五日条によると、山名持豊が坂本城（兵庫県姫路市）を攻略したという。坂本城は書寫山にあった平山城で、十五世紀の初頭から播磨守護所としての機能を持ち、政治の中心地だった。満祐・教康父子は坂本城に籠っていたが、幕府軍に敗れたので、坂本城を捨てて城山城へと逃れた。坂本城における敗勢の結果、赤松氏に従った多くの国人は降参した。

満祐らが逃れた城山城は、標高四五八メートルの亀山に築かれた山城である。十四世紀の半ば頃には、築城されていたという（その淵源は古代に遡るとも）。満祐らは坂本城から脱出した際、より防御能力の高い山城の城山城に籠城し、幕府軍に抵抗しようと考えたのだろうが、戦況は赤松氏が圧倒的に不利だった。

同年九月八日、赤松氏が城山城に籠ったことが確認される一方、時房の見立てでは、赤松氏の将兵の大半が討ち取られ、残りの軍勢はわずかという認識だった。翌日、討ち取られた赤松氏被官人十九人の首が京都の六条河原で晒され、その名前も判明していたという（『建内記』）。京都では、赤松氏が近いうちに討ち取られる風聞が流れていたに違いない。

赤松氏が城山城に逃げ込んだことによって、播磨国は「無主の地」になってしまった。赤松氏は、播磨守護としての権力なりを失ったということになろう。そこで、寺社本所領では、管領から制札（禁制）を受け取り、現地での濫妨（らんぼう）行為（他人の所領知行を妨害すること）を防ごうとした。当時、戦乱に及ぶと、寺社や村落では軍勢の濫暴狼藉（放火、竹木の伐採、そのほか無理難題を吹っ掛けるなど）を防ぐため、軍勢を率いる大名らに制札（禁制）の交付を依頼した。金銭と引き換えに大名らから交付された制札（禁制）を軍勢に見せることで、あらかじめ被害を防ごうとしたのである。

制札（禁制）の大きさは、長さ一尺五寸（約四五センチ）、幅一尺（約三〇センチ）であったという。紙ではなく、木札であったと推測される。播磨国の東部八郡は合戦から解放され、年貢が京都に届くようになったとも書かれている（『建内記』）。もはや赤松氏の威勢は、播磨国内に届かなくなっていた。

†誰が誰の首を獲り、誰が逃げたか

嘉吉元年九月十日、ついに幕府軍は赤松氏が籠もる城山城を攻撃した。以下、『建内記』『公名公記』『師郷記』『東寺執行日記』などから、当時の混乱を検証することにしよう。

『建内記』同年九月十二日条には、城山城が攻め落とされ、満祐・教康父子が赤松満政の陣で自害したと記す。しかし、この情報は誤りだった。のちに補記されたとおり、満祐は城内で切腹したというのが正しく、教康は脱出していた。赤松則繁は城中で自殺したと記されているが、こちらも誤りで、実際には脱出に成功していた。満祐の弟・義雅が降参して捕らえられたというのは、正しい情報である。

情報は混乱しており、時房もあとで正しい情報を日記に補記するありさまだった。

次に示すのも誤った情報である。城山城の攻略の立役者は山名持豊だったが、満祐・教康父子が赤松満政の陣で切腹したので、二人の首は満政が取ったという。そこで、赤松氏と山名氏は、播磨守護職をめぐって争うだろうと記しているが、満祐は城山城で自害したのが正しく、その首は山名教之が火中から取り出すことに成功していた。満政が首を取ったのではないのだ。ほかの日記の記述も確認しておこう。

『公名公記』嘉吉元年九月十四日条には、満祐・教康父子、則繁らが切腹し、義雅が生け捕りにされたと記されている。こちらも教康、則繁のことについては誤報である。

中原師郷が『師郷記』に記した内容は、ほぼ『建内記』と変わらない。嘉吉元年九月十日条には、満祐が自害し、その首を山名教之が獲ったと記した点は正確である。師郷は教康、則繁らが切腹したという誤った情報を記す一方、義雅およびその被官人は降参したとの正しい情報も把握していた。

『東寺執行日記』嘉吉元年九月九日条には、城山城が落城し、満祐ほか二十六の首を山名氏が取ったことを記す。さらに、教康が伊勢の北畠教顕（のりあき）のもとへ落ち延びたと書いている。いずれも正しい記事であり、東寺では正確な情報をもっとも早く手に入れていたが、則繁、義雅の件については何も記していない。公家らとは、また異なる経路で情報を入手したのだろうか。

城山城が落城し、満祐が切腹することによって、嘉吉の乱は終結した。万里小路時房は、「天下大慶」と喜びの言葉を記している。このあと、赤松氏には過酷な運命が待ち構えていたが、その辺りは次章で詳述することにしよう。

第六章　戦後処理と赤松氏の衰退

†無残な梟首

嘉吉元年（一四四一）九月十七日、満祐の首は京都に到着し、管領の細川持之によって首実検（くびじっけん）（首が本人のものであるかの確認）が行われた。翌日、将軍の義勝は伊勢貞国の宿所を訪れ、満祐の首実検を終えると、室町邸に戻ったという（『建内記』）。万里小路時房は、義勝を「室町殿」（＝将軍）と記しつつも、「室町殿」の脇にわざわざ「御童体」（子供の姿）と注記している（『建内記』）。つまり、義勝を将軍とみなしつつも、まだ元服をしておらず、正式に任官されていないことを意味しよう。

九月二十一日、乱の首謀者である赤松満祐の首と、義教を討った安積行秀の首が大路を渡し、最後は長刀に付けられて晒された。「大路を渡す」というのは、見せしめのために罪人を大路に引き回すことである。この場合、満祐と行秀はすでに討たれていたので、首だけを引き回したということになろう。獄門（梟首。首を晒すこと）は、慣例として検非違使が担当した。史料にあらわれる「清目丸」とは、長刀に刺された首を持つ役割をしていた。

『建内記』嘉吉元年九月二十四日条には、ほかの赤松氏一族の記述もある。伝聞ではあるが、赤松貞村が亡くなったという記事がある。貞村は赤松氏の滅亡後、いまだに帰京していなかった。亡くなった理由については、貞村が落馬あるいは夜討ちにあったというが、どちらか死因なのか判然としない。さらに、嘉吉の乱が起こった理由として、貞村が播磨守護職を競望したため、義教が「結構を構えた」（悪い目論みを企てること）との噂があったようだが、これは浮説であると記す。ほかにも浮説はあったようだが、乱後には原因をめぐって、人々の間にさまざまな噂が流れたようだ。

次に、満祐の弟・義雅と龍門寺のことである。龍門寺は直操侍者といい、相国寺（京都市上京区）の塔頭・雲頂院の僧侶だった。龍門寺は、近年播磨に在国していたが、満祐の播磨下国後は還俗したという。「赤松系図」には坂本で自害と書いているので、籠城中に自ら命を絶ったと考えられる。二人の首は、九月二十一日に到着し、そのまま三日にわたり六条河原で晒された。満祐らの首が京都に着いてから、四日後のことである。

†生き残った子供

義雅については、続きの記事がある。義雅は赤松大河内家の満政の陣に投降したが、縁座は逃れられないと観念し、満政の陣で腹を切ったという。

『建内記』記主の時房は、「小生」に関しては降参したのだから、命だけは助けてほしいと満政に意向を示したという。普通、「小生」とは自らをへりくだって言う言葉だが、この場合は子供、若者を意味する。具体的に言えば、「小生」は義雅の子・性存（時勝）のことである。「赤松系図」の性存の箇所には、「父自害九歳時也」と注記されているので、永享五年（一四三三）の生まれとなる。

結局、性存は処罰されることなく、建仁寺（京都市東山区）の僧侶・天隠龍沢（てんいんりゅうたく）に庇護（ひご）された（『天隠略伝』など）。天隠龍沢は建仁寺大昌院の徒弟であり、臨済宗の僧侶そして漢詩人として知られていた。天隠龍沢が性存を庇護した理由は、時勝の父・義雅が禅宗に帰依しており、その師が自分（天隠龍沢）と同じ宝洲という人物だったからだといわれている。

その後、性存は三条実量のもとに行き、三条家領にある成願寺（滋賀県東近江市）で養育された。実量を頼ったのは、その兄弟の三条公綱の娘が義雅の側室だったからだという（実量の娘という説もある）。一説によると、性存は公綱の所領である近江国浅井郡丁野村（滋賀県長浜市）へ逃れたというが、浅井郡丁野村は公綱の所領ではなく、坂田郡加田荘が正しいのではないかとの指摘もあるので、この説は疑問視されている（『東浅井郡志』）。

最初、性存は僧侶になったが、のちに還俗して赤松時勝と名乗り、康正元年（一四五五）に亡くなった。いずれも『赤松盛衰記』などの後世の編纂物に書かれたもので、すべてが正しいとは言い難いが、時勝が近江国へ逃れ、細々と命脈を保ったのは事実であろう。性存の子は、のちに赤松氏を再興する次郎法師丸（政則）である。

†伊勢に逃亡した教康

以下、満祐に与した赤松氏一族がどうなったのかを確認しておこう。

『建内記』嘉吉元年九月二十五日条は、満祐の子・教康と満祐の弟・則繁は義尊を伴って、船で落ち延びたと記す。彼らが伊勢に向かうのか、日向に向かうのかわからないが、それは人々の邪推でないかと疑った。死骸が発見されていないので、数々の浮説が広まっていた。彼らが蟹坂の戦いから引き退くとき、乗った船がひっくり返ってしまい、溺死したという説も伝わっていたようである。もう少し教康の動きを追ってみよう。

教康は嘉吉の乱で切腹したとの風聞が流れていたが、ひそかに伊勢の北畠教顕のもとへ逃れていた（『東寺執行日記』）。教康が北畠氏を頼った理由は、父・満祐と教顕との深い関係にあった。正長元年（一四二八）、教顕の兄・満雅は後亀山天皇の皇子・小倉宮を奉じ挙兵したが敗死したので、小倉宮は教顕を頼った。満祐は小倉宮を京都に迎えるだけでなく、教顕を罰しないよう将軍・義教を説得した。以来、赤松氏と北畠氏との関係は懇意となり、教顕の娘は教康のもとに嫁いでいた。そこで、教康は妻の父で満祐の恩を受けた教顕を頼ったのだ。一説によると、教康は室津（兵庫県たつの市）から船を出し、北畠氏の居城である多気城（三重県津市）に向かったという。

予想に反して、教康には過酷な運命が待ち構えていた。嘉吉元年（一四四一）九月二十八日、教顕は教康を自害に追い込んだ（『師郷記』）。教康に従った家人十数名も、同じ運命をたどった。尋尊の『大乗院日記目録』は、「教康は縁者であるがゆえに教顕を頼ったが、上意（将軍の命令）があったので、教顕は無力だった」と記す。

同年閏九月五日、教康とその家人の首は、六条河原に晒された。万里小路時房は、「教康らの首は大路渡しすべきところだが、近日たび重なっているので無駄である。よって、大路渡しは止めることにした」と書いている（『建内記』）。すでに満祐らの首を大路渡しにしたので、これ以上やっても意味がないということになろう。教康らの首は大路渡しをすることなく、そのまま六条河原に晒されたのである。

教康を討った教顕には、閏九月一日に管領の細川持之から感状を与えられた(「足利将軍御内書幷奉書留」)。恩賞として、美作国大原保(岡山県美作市)だけでなく、太刀や腹巻を与えられた(『斎藤元恒日記』)。大原保は、満祐の子・義雅の旧領であった。幕府は義雅の所領を闕所とし、教顕に与えたのである。

教顕の件について、もう一つ取り上げておこう。

『建内記』嘉吉元年閏九月二十日によると、当時の教顕は侍従であったが、中将を望んだという。侍従とは中務省の官人で、天皇に近侍して仕えた。おおむね従五位下相当の官職である。一方の中将とは近衛府の次官で、従四位下相当の官だった。しかし、これでは越官になってしまうので、少将、従五位上くらいが妥当ではないかと記されている。赤松教康は身内と思って北畠を頼ったが、当の北畠教顕には赤松一族をかばう気持ちなどなかったのかもしれない。

†恩賞の割り当て

ここまで、嘉吉の乱後における赤松氏の面々について、その最期を取り上げた。ほかの関係者については、のちほど取り上げることにして、次に嘉吉の乱後の論功行賞について考えてみよう。北畠教顕には大原保が与えられたが、ほかの大名にはどのような形で恩賞が与えられたのだろうか。『斎藤元恒日記』嘉吉元年閏九月二十一日条によると、次のとおりである。

〈1〉山名持豊——播磨国守護職
〈2〉山名教之——備前国守護職
〈3〉山名教清——美作国守護職
〈4〉赤松満政——播磨国三郡
〈5〉御料所——摂津国中島郡

右の国々（あるいは郡）は、もともと満祐が保持していたものばかりである。そのなかでもっとも重要な播磨、備前、美作の守護職は、山名氏に与えられた。城山城を落とし満祐の首を取ったことが、軍功第一と評価されたのだろう。逆に、細川氏への恩賞は薄かった。摂津国中島郡は、室町幕府の御料所（幕府の直轄領）になった。満祐が摂津国中島郡を領有していた事実は、あまり知られていなかったが、これにより明らかとなった。

赤松満政は播磨国三郡を与えられただけで、播磨国一国の守護職を獲得できなかったので、不満が生じたというのが本音であろう。ちなみに、満政に与えられた三郡は、これまで明石郡・美嚢（みのう）郡、そして印南（いんなみ）郡または賀東郡と考えられていた。史料的な根拠となる『建内記』には、明石郡・美嚢郡が記されているが、肝心の三郡目が抜け落ちている。従来説では「報恩寺文書」の赤松満政寺領安堵状に基づいて、印南郡に充てるのがもっとも有力な説だった。

最近になって、その安堵状の発給者は、天正年間に活躍した赤松則房であったことが指摘された。則房の花押と満政の寺領安堵状の花押の形状が一致したので、則房の初名は満政だったことが判明したのである。赤松満政寺領安堵状には年次が書かれておらず、何の疑問もなく嘉吉元年の文書と考えられてきたが、実は則房の文書だったという指摘により印南郡説を鵜呑みにできなくなった。

同年閏九月五日付の細川持之書状写（山名持豊宛）には、「播磨守護職を与えることについては、御教書のとおりで目出たいことです。ただし、明石、賀東、三木（美嚢）の三郡については、御料所といたします」と書かれている（「西本願寺文書」）。つまり、最後の三郡目は印南郡ではなく、賀東郡で確定したのである。

さらに近年の研究により、これまで満政は播磨三郡の分郡守護であると解されてきたが、こちらも誤りであることが判明した。満政は分郡守護に任命されたのではない。あくまで御料所の代官にすぎなかったのだ。なお、持之書状写には、貞村、直操、則繁から没収した所領は、軍忠の浅深によって配分すると書かれている。則繁は逃亡に成功したものの、その所領は取り上げられ、幕府方の諸将にあてがわれたのである。

山名氏は軍功第一で評価されたが、ほかの諸将はどうだったのだろうか。

同年閏九月十六日、管領下知状によって、細川教春に摂津国呉庭荘（大阪府池田市）、則繁跡の備前国宇治郷（岡山市中区）預所職などが与えられた。翌月になると、管領施行状（備前守護・山名教之宛）によって、備前国宇治郷が教春の代官に引き渡されたこと、同じく守護遵行状（摂津守護代・長塩氏宛）によって、呉庭荘が教春の代官に引き渡されたことが報告された。ほかの細川一族への恩賞は確認できず、出陣した教春に対しては、わずかな闕所地があてがわれたにすぎないようである。

†足利義尊の運命

次に、将軍家足利氏の系譜を引き、井原御所と称された義尊は、乱後どのような運命をたどったのであろうか。先述したとおり、その後の行方は不明だった。

軍記物語の『赤松盛衰記』には、嘉吉の乱における義尊のユニークな逸話が記載されている。乱の勃発直後、赤松氏は義尊を「御所」と称し、坂本城下の定願寺に迎えた。赤松氏は勝利を確信したのか、日夜酒宴や猿楽を催し、連歌など詩歌管弦の遊興を楽しんだという。『赤松盛衰記』は後世の編纂物であるがゆえに、記述内容を割り引いて考える必要があろう。概して敗者は、油断していたことをあげつらわれるようだ。

義尊が討たれたのは、嘉吉二年（一四四二）三月のことだった（『師郷記』）。逃亡中の義尊は、再び僧侶になっており、同行していた僧侶とともに畠山持国を頼ったという。しかし、持国は義尊を助けるどころか、家人を差し向けて討ち取ったのだという。誠にあっけない最期だった。

冬氏の弟つまり義尊の叔父にあたる宝山乾珍は、絶海中津の弟子として知られる。相国寺（京都市上京区）の住持や鹿苑院主を務めたほどの高僧だったが、宝山は嘉吉の乱後、鹿苑院主を辞任した。その理由は、義尊が赤松方に加わったからで、その責任を取ったためだと指摘されている。宝山が等持院（京都市北区）で亡くなったのは、嘉吉元年（一四四一）十二月のことである。四十八歳だった。嘉吉の乱から約六カ月後に亡くなったのには、何らかの理由があったと考えられるが、真相は不明である。

†播磨国守護山名氏による支配

嘉吉の乱後、播磨（三郡を除く）、備前、美作という赤松氏旧領国の守護職はすべて山名氏に与えられた。すでに山名氏は、一族で但馬、因幡、伯耆などの守護職を保持していたので、一族の繁栄を謳歌することになった。その後、播磨三郡の代官を務めていた赤松満政は更迭され、山名氏が播磨一国の支配権を獲得する。そして、満政は山名氏に戦いを挑み、滅亡したのである（後述）。

山名氏は、どのようにして播磨支配を行ったのだろうか。赤松氏は現地で実務を担う守護代を配置し、守護所、守護代所を拠点として支配を行った。郡によっては、郡代を置くこともあった。さらに、在京および在国奉行人らが寺社との交渉に当たるなどした。山名氏による播磨支配の特色は、旧赤松氏勢力を一掃し、自らの一族や有力被官人らを守護代や郡代などに任命した点にある。ただし、例外もあった。

国衙眼代の小河氏の一族と考えられる小河源左衛門尉は、その才覚を認められ、宍粟郡比地御祈保（兵庫県宍粟市）代官職を山名氏に与えられた。小河氏は領国支配のノウハウを蓄積していたことから、その手腕を評価されて起用されたのだろう。このように赤松氏没落後、山名氏から追放された赤松氏旧臣がいる反面、山名氏に仕えた者もいた。

在京する山名氏に代わって、播磨で中心的に支配を行ったのは、山名四天王である。山名四天王とは山名氏配下の重臣層で、垣屋（かきや）・太田垣（おおたがき）・田結荘（たいのしょう）・八木の四氏のことだ。播磨国内で史料上によく登場するのは、垣屋・太田垣の両氏である。特に、垣屋氏は守護代として積極的に播磨国支配に関与した。その配下の野間・佐々木といった山名氏有力被官人らは、郡代として登用されていた。

山名氏は赤松氏にならって、奉行人制を採用し領国支配を展開した。奉行人は、守護膝下で訴訟案件などを処理し、現地の守護代に守護の命令を伝える役割を担った。しかし、但馬国などにおける山名氏の支配機構には、奉行人制の採用を確認することができない。したがって、山名氏は播磨国の国情に合わせた支配形態を採用すべく、あえて赤松氏の例にならったと考えられる。

最近の研究によれば、山名持豊は郡単位の支配を展開するうえで、垣屋、大田垣氏らに加えて一族を登用していたことが指摘されている。その理由としては、〈1〉新たな支配地なので慎重を期したこと、〈2〉いまだ赤松氏に与同する勢力が播磨に残っていたこと、などが想定される。次に、もう少し詳しく見ることにしよう。

†猛悪至極、虎狼のごとき支配

三木(美嚢)郡の担当は、山名持豊の長男・教豊である。のちに、教豊は備後・安芸国の守護職を兼帯した。教豊の配下には、斎藤氏・田原氏が郡代に任命されていた。田原氏の前任者は斎藤氏だったが、その支配は極めて苛烈だったといわれている。一例を挙げておこう。万里小路時房は、家領の三木郡吉川上荘(兵庫県三木市)が、たびたび美嚢郡代の斎藤若狭守に押妨されるのに憤っていた。

『建内記』によると、斎藤氏は「猛悪至極」「一郡の政道、虎狼の如し」と表現されるほどの過酷な支配を行ったので、領民から恐れられていた。しかし、そうした苛烈な支配が長く続くはずもなく、斎藤氏は守護山名氏から譴責を受けて逐電した。事実上の更迭である。以後、新しい郡代として、田原氏が補任された。

三木郡では奉行人制を採用していたが、残念なことに確認できる事例が極めて少ない。享徳四年（一四五五）、山名教豊は奉行人奉書を上月甲斐守に発した（「東大寺文書」）。上月甲斐守は赤松氏の庶流であるが、嘉吉の乱では満祐に従わなかった。内容は大部荘（兵庫県小野市）の百姓・五郎左衛門父子の雅意に任せた振る舞いに対して、上月氏にその措置を申し付けたものである。

この時期の播磨国守護代は垣屋豊遠（とよとお）が務めており、播磨国内の荘園に対する権限行使はすべて垣屋氏に委ねられていた。つまり、山名氏が命じて奉行人奉書を発給したことは、守護代に任せなかった点で異例のことといえる。最近ではこのような事例を通して、荘園の監督や諸公事の賦課・免除は守護代の垣屋氏が担当し、国人の指揮・統括権は守護家が担当したと指摘されている。

赤穂・揖西郡（いっさいぐん）は、持豊の次男・是豊（これとよ）が支配を任されていた。のちに、是豊は山城国守護に就任し、備後・安芸国守護を兼ねた。

是豊は両郡の支配に際して奉行人を組織したが、是豊の保持した支配権は全面的に委任されたものではなく、案件によって惣領（＝持豊）のもとで職務を遂行したと指摘されている。たとえば、矢野荘の例で見ると、是豊は少なくとも矢野荘例名の役夫工米（伊勢神宮内宮などの造営の際、費用を賄うため全国に課された公用段銭［田に段別に賦課した臨時の税］）や臨時の税米の賦課・免除の権限を認められていた。職務によっては、太田垣氏や垣屋氏などの守護代クラスが関与することも見られ、複雑な様相を呈していた。

山名氏が行った苛烈な支配は、矢野荘においても確認できる。矢野荘では、山名氏配下の赤穂郡代が百姓等を絡め取り誅戮したことがわかっている（「東寺百合文書」）。その背景は不明であるが、少なくとも百姓が赤穂郡代に抵抗したため、実力行使に出たと考えられる。なお、佐用・印南両郡の支配は、持豊自らが行っていたことが指摘されており、一口に播磨国支配といってもかなり複雑だったといえる。

山名氏は播磨などの守護職を与えられたが、その支配は試行錯誤の連続だった。支配される領民も、素直に従ったわけではない。山名氏が苛烈な支配を行った際、領民が激しく抵抗支配したのはその証左といえよう。

†山名氏による支配の特徴

もう少し山名氏の播磨支配の特徴を考えてみよう。山名氏の奉行人奉書は、所務沙汰（土地に関わる訴訟）や検断沙汰（刑事事件に関わる訴訟）に用いられていたが、惣領家と庶子家の職務を合わせて指示する場合は、惣領家の守護代が判を加える連署奉書が使用された。持豊は享徳三年（一四五四）から約四年にわたり、但馬国での蟄居を命じられた。理由は赤松氏の出仕を巡り、将軍の義政と対立したからだ。持豊は一部の権限を子らに委任しつつも、なお中核となる支配権を保持しようと考えたのだろう。

注目すべきは、郡代が陣役を催促・徴発したことである。郡を単位として、郡代が軍事編成を行ったのだ。このような守護代—郡代の支配体制は、領国の裁判権の確立だけでなく、駐留体制（強力な治安維持体制の確立）を志向していたと推測される。もともと播磨国は赤松氏領国であり、いまだに不穏な動きを見せる赤松氏残党への対応が必要だった。それゆえ山名氏は播磨を占領地とみなし、強力な支配体制の構築を目指したのだ。

さらに山名氏は闕所地処分権の行使を通して、大量の給人層を自らの陣営に抱え込んだ。闕所地とは没収された土地のことで、この場合は赤松氏の関係者の土地を示している。給人とは、闕所地をあてがわれた山名氏支配下の被官人らである。

文安元年（一四四四）、山名持豊は渡辺兵庫助跡の明石郡枝吉別苻（神戸市西区）について、配下の備後の国人・山内上野介に給分として与えた（「山内首藤家文書」）。山名氏は播磨国内の闕所地を配下の国人層に給与し、領国支配の強化を図るだけでなく、彼らとの関係性を強化しようとした。仮に、播磨国内で有事があれば、国人は山名氏の軍事指揮下で戦うことになる。国人が山名氏に従う理由は、与えられた所領が播磨国内に所在するからであり、その権益を守るためだった。

十四世紀後半以降、守護職はおおむね一族で世襲・継承されるようになった。赤松氏は南北朝期から嘉吉の乱に至る百十年間余にわたり、播磨守護職を独占してきた。その間、赤松氏が支配のノウハウを蓄積したのは、いうまでもないだろう。それゆえ、山名氏が新たに守護として播磨に入部しても、新たに支配体制を構築するのには困難を極めた。そこで、山名氏は一族・有力被官人の守護代・郡代の配置、郡単位による陣役の催促・徴発、闕所地処分権を通じた国人層の掌握等を通じて、播磨での駐留体制を整えたのである。

その支配体制の特色は、各郡に持豊の子を配置したことや奉行人奉書の発給にも見られる。各郡の支配を命じられた持豊の子は、国内寺社の経営安定、国人の指揮、中央諸権門の権益保護、領国内寺院の造営段銭賦課などを行い、奉行人奉書は所務沙汰や検断沙汰に使用された。しかし、そのメカニズムは実に複雑であり、山名氏の但馬などの領国支配の実態と併せて、今後さらに検討されるべき課題であろう。

†幼帝の早世でもっと幼い後継者へ

戦後処理が着々と進むなか、新将軍になったばかりの義勝に突然不幸が襲った。嘉吉三年（一四四三）七月十三日、義勝は赤痢に罹り、医師を呼ぶなど大騒ぎになった。わずか十歳の義勝にとって、生命に関わる重大な病気であった。

伏見宮貞成の『看聞日記』によれば、原因は邪気（病気などを起こす悪い気）であるとされ、過去に足利義教に謀殺された一色義貫や嘉吉の乱で滅亡した赤松満祐の祟りが原因だったと書かれている。さらに、その祟りは義勝だけではなく、義教から子孫七代までを取り殺すとまで記されている。本当の病因はそのようなものではないが、この時代には、そのような迷信が信じられていたのだ。

病気平癒のために祈禱なども執り行われたが、もとより効果が期待できるはずがない。関係者の賢明な努力も空しく、発病からわずか八日後の七月二十一日に義勝は亡くなった。誠にあっけない死であった。幕府は義勝の遺骸を等持院に送り、葬儀を催した。死後、義勝には左大臣・従一位が贈られた。

義勝の死後、早々に問題となったのが後継者の件である。義教殺害後の例で見たとおり、後継者をすぐに決定する必要があった。七月二十三日の昼過ぎ頃、管領・畠山持国邸において、新将軍を誰にするのか話し合われた（『建内記』）。

新しい将軍の候補は、故義教の五男の三春（のちの義政）の他に、次男の梶井門跡義承、四男の天龍寺香厳院主（のちの足利政知）、七男の御喝食御所、九男の聖護院義観、十男の義視、十一男の梶井門跡義堯であった。この中では、義勝と母（日野重子）を同じくする五男の三春がもっとも有力視され、衆議の結果、後継者となったのである。この時点で三春（以下、義政で統一）は、わずか八歳であった。

こうして義政は、義勝の後継者となり、「室町殿」と称されたが、幼かったので元服を済ませておらず、正式に朝廷から将軍宣下を受けたわけではなかった。義政が将軍宣下を受け、正式に将軍になったのは六年後の文安六年（一四四九）のことである。

†文安の乱と赤松満政

山名氏が播磨国内の支配を着々と進めるなかで、問題となったのは赤松満政に与えられた播磨国内の三郡である。

嘉吉四年（一四四四）正月、御料所として満政に預けられていた播磨三郡が突如として取り上げられ、山名持豊に与えられた（『建内記』）。持豊は軍功と称して、播磨三郡の獲得を強く望んだという。おそらく持豊は、播磨三郡が満政に与えられたことを不満に思っていたのだろう。持豊は播磨三郡を与えられたことにより、播磨一国を支配することになった。この流れは、持豊の目論見通りだったに違いない。さらに文安元年（一四四四）六月、管領の畠山持国は満政の子・満直をして、赤松氏の名跡を継がせたのである。

同年十月、不満を抱いた満政は、子の教政および則尚とともに播磨へと下向した。それは無断で行ったことであり、幕府の許可を得ていなかった。満政らの行為は十七年前の赤松満祐による播磨下国事件と同じで、幕府への反逆行為と認識された。丹波守護代の内藤氏、摂津守護代の長塩氏は、満政らの動きを警戒したという。

ところで、この前年（嘉吉三年・一四四三）七月、満政の子・教政と赤松氏残党の反乱があり、持豊に討伐され摂津国で自殺したという説がある。しかし、この話は『嘉吉記』などの後世の編纂物に書かれたもので、一次史料では確認できない。近年の研究によると、嘉吉三年における満政らの挙兵は、一部の記述が文安の乱の内容と重複しており、さまざまな史料が交錯・混乱したことによるもので、その事実は疑わしいと指摘されている。

文安元年十一月、幕府は益田兼堯に対して、満政らを討伐するので、守護に属して出陣するよう求めた（「益田家文書」）。満政討伐の動きを受けて、持豊ら山名氏の一族は続々と自身の領国を出発し、播磨に向かった。『東寺執行日記』によると、出陣した山名氏の軍勢は、それぞれ約三十〜百四十騎なので、意外なほど少なかった。あるいは、あとから多数の軍勢が播磨に向かったのだろうか。

同年十二月、赤松氏、山名氏との戦いの火蓋は、但馬と播磨の国境付近である真弓峠（まゆみとうげ）（兵庫県朝来市と兵庫県神河町の境）で切られた。このときは両者互角の戦いぶりで、多数の死者を出したという（『師郷記』）。満政が播磨三郡を没収されたのは嘉吉四年一月のことで、播磨に下向したのは同年十月のことである。約九カ月の間に、満政らは合戦の準備を整えていたのだ。

文安二年（一四四五）一月二十日も播磨で戦いがあったが、勝敗は決していない。同年二月九・十日の両日にわたって、持豊は陣を置いていた七宝寺（兵庫県神河町）で満政の軍勢と戦った。先に攻撃したのは満政だったが、持豊は満政との戦いに際し、あらかじめ朝廷に満政討伐の綸旨を申請していた。綸旨が発給されたのは、前月の一月二十六日のことだった。満政は、朝敵になったのである。同年二月二十四日、播磨の戦いで討ち取られた者どもの首が京都に着いた。

同年三月二十四日、摂津国有馬郡（ありまぐん）において、満政に与した有馬氏と細川氏の率いる丹波の軍勢が交戦し、有馬方は三百七十余人が討たれた（『東寺執行日記』）。有馬氏は、この敗戦により態度を変えたようだ。

同年三月二十九日、満政とその配下の者たちの首が届き、四月四日、辻河原に掛けられた。満政を討ったのは、有馬氏だった（『東寺執行日記』）。彼らの首は、あわせて百余に及んだという。満政が討たれた詳しい日にちは不明だが、場所は有馬郡だったと記されている（『師郷記』）。つまり、三月二十四日から同二十九日までの間に、有馬氏は態度を豹変させて幕府方に寝返り、満政を討ち取ったと考えられる。

満政は満祐に与することなく、播磨三郡を与えられて命脈を保ったが、それすらも山名氏に脅かされ、最終的に朝敵となって討たれた。この戦いの勝利により、山名氏の存在感がクローズアップされたが、かえって周囲（特に細川氏）に警戒感を抱かせるという皮肉なことになった。

†朝鮮半島へ渡った謀叛人・則繁

満祐に与した赤松氏一族のなかで、異彩を放ったのが赤松則繁である。則繁も教康と同様に、城山城で亡くなったと思われていたが、それは誤りで脱出に成功していた。則繁は幕府の近習でもあり、先述した芸能「松ばやし」で注目を浴びた人物である。

城山城を脱出した則繁はその後、行方不明だった。謀叛人である則繁の所領は闕所地とされ、恩賞として幕府方の武将に与えられた。先に触れたとおり、備前国宇治郷が細川教春に与えられたことがわかっている。

嘉吉の乱から二年経過して、突如として則繁の話題が持ち上がった。嘉吉三年（一四四三）六月、高麗国（こうらいこく）の朝貢使が日本に来訪し、足利義勝と面会した。義教への弔意をあらわすためである。その際、則繁が肥後の菊池氏を頼って九州に逃亡し、さらに朝鮮国に渡って猛威を振るっていたという。高麗国の朝貢使は則繁の横暴を幕府に訴えたので、則繁を討つ命令が下された（『建内記』）。謀叛人だった則繁は、朝鮮半島への侵攻に活路を見出したようであるが、以後はしばらく史料に見えなくなる。

文安五年（一四四八）一月、逃亡中の則繁は筑前守護の少弐教頼（しょうにのりより）とともに肥前に向かい、大内教弘と戦って敗れた（『宗氏世系私記』など）。敗北を喫した則繁は九州を離れ、播磨へ戻ったといわれている。しかし、播磨はすでに山名氏が守護を務めており、則繁が見つかるのは時間の問題だったと考えられる。

文安五年（一四四八）八月、則繁が当麻寺（奈良県葛城市）で討ち取られたという情報が流れた（『康富記』）。討ち取ったのは赤松氏一族の則尚（のりなお）で、「返り忠」と書かれていることから、則繁を裏切ったのだろう。則尚に寝返りを説得したのは、細川持常だったという。則尚は則繁を助けようとしたのかもしれないが、持常の説得に応じて騙し討ちにしたのだ。その際には、則繁配下の衣笠（きぬがさ）氏、広瀬氏も討ち取られた。

八月九日、則繁の首は京都に運ばれたが、放生会（捕獲された鳥類魚類を山野池沼に解放する仏会）が行われていたので、終了後に河原に晒すように指示があった。その扱いは、則繁配下の富田氏らの首も同じだった。結局、則繁の首が六条河原に晒されたのは、九日後の十八日である。首は細川勝元らによって実検が行われたあと、満祐らの首のように大路を渡ることなく、夕方まで晒されたという（『康富記』）。

ところで、則繁討伐の問題は、単純なものではなかった。奈良興福寺大乗院門跡、経覚の日記『経覚私要鈔』で確認してみよう。関係する情報をもたらしたのは、則繁配下の勝田備後なる者である。そもそも則繁は、和泉国府中（大阪府和泉市）にいたという。実は、則繁には播磨・美作・備前の三カ国を知行するよう、将軍からの下知があったが、山名持豊はこれを認めず上洛した。『経覚私要鈔』文安五年九月十一日条には、その続きが書かれている。

則尚が則繁を討つ際の条件は、播磨国を与えることだったが、持豊がこれに反対したため、結果的に実現しなかった。申次を担当した細川持常と伊勢貞国は約束に違えたので、面目を失することになった。これにより細川氏と山名氏の対立が表面化し、京都市中は騒然とした。また、則尚が上洛して、山名氏と雌雄を決するとの風聞も流れ、この問題は深刻な事態になったのである。

則繁は謀叛人なので討伐されるのは仕方がないにしても、播磨・美作・備前の支配については山名氏が独占するのではなく、赤松氏一族に分与される可能性があった。その理由が山名氏の威勢を削ぐためだったのは、言うまでもないだろう。背後で不穏な動きを見せたのは山名氏に対抗心を抱く細川氏であり、この問題はさらに尾を引いた。

†赤松則尚の台頭と山名持豊の没落

赤松満政、赤松則繁は相次いで幕府に討伐されたが、残された赤松氏牢人の運命も実に過酷だった。

文安五年（一四四八）七月、赤松氏被官の北野兵庫なる人物が、京都市中の北小路富小路（京都市中京区）付近で、山名氏の被官・小松原氏によって討ち取られた（『康富記』）。北野兵庫は「牢人」と称されるように、もはや仕える主を失い、京都市中を徘徊していた。討ち取られた北野兵庫の首は、六条河原に懸けられたという。また、三井寺（滋賀県大津市）に潜んでいた徳平氏、北野氏の若党・細井氏も捕縛された。赤松氏の被官人も、いつ討たれるかという脅威に晒されていたのである。

赤松氏の主だった面々で、命脈を保っていたのが則尚である。則尚は満政とともに挙兵したものの、失敗後は逃亡していた。則尚の窮地を救ったのが、有馬持家の子・元家である。元家の妹は将軍・義政の室だった関係もあり、則尚の罪を許すよう願い出たが、山名持豊は元家が則繁の赦免を申し出たことに対して激怒した。則尚が則繁を討った際、恩賞として播磨を与える約束になっていたので、その件が絡んでいたのだろう。

享徳三年（一四五四）十一月四日、持豊は告文（虚偽を言っていないことを神仏に誓った文書）を幕府に提出したという。同日の早朝、則尚が播磨を拝領し、下国したとの噂が流れた。これに刺激された持豊は、義政のもとに参上するという荒説（風説、虚説）が流れた（『師郷記』）。いずれにせよ、事態が深刻化していたのは事実である。

『斎藤基恒日記』享徳三年十一月二・三日条によると、次のような流れになる。十一月二日、則尚らが持豊を討つとの騒動がにわかに持ち上がった。翌十一月三日、則尚と有馬小次郎（元家の弟）が播磨に向かった。ただ、日記にはこの播磨行きを「没落」と書いているので、良いニュアンスではない。則尚らは、持豊の討伐に失敗したようである。結果、持豊は幕府から許されたが但馬に下国し、山名家の家督は子の教豊が継ぐことになった。一方で、播磨の領有をめぐる問題については、持豊に非があると認められ、幕府から隠退を迫られたのである。

一連の騒動の結果、則尚に播磨支配が認められるような形となった。別に、則尚が正式に播磨守護に任じられたわけではない。同年十一月、播磨国に下向した則尚は配下の富田氏に命じて、赤穂郡内の寺社本所領、諸闕所の年貢米などを押さえ、白旗城（兵庫県上郡町）に搬入させるよう手配した（「東寺百合文書」）。城に年貢米を納めるのだから、それは有事に備えた兵糧米であり、山名氏との交戦を念頭に置いたものだった。

この動きについて、東寺側は則尚を「国方」と認識していたようである。東寺は、この件について幕府に善処を求めた。東寺からの照会を受けた幕府は、ただちに対応した。まず、則尚に対しては、矢野荘の年貢を不当に抑留しないよう命じた。次に、禁制を発給し、軍勢、甲乙人の乱入狼藉を禁止するとともに、そのような行為に及んだ者を厳しく処分する旨を布告したのである（「東寺百合文書」）。しかし、則尚は幕府に怯むことなく、兵糧米の蓄積を行った。

†則尚の最期

則尚の一連の動きに危機感を抱いたのが、持豊の後継者・教豊である。

享徳四年（一四五五）四月二十五日、教豊は則尚を討つため、京都から但馬国に下向した。その後、播磨に攻め込む計画だった。このとき細川成之は則尚を扶持していたので、京都で山名氏との合戦に及ぼうとしたという。則尚が成之を頼りにしていたことは、『赤松記』などの記事でも確認できる。成之が則尚を応援したのは、山名氏に対抗あるいは牽制するためだろう。則尚と山名氏との戦いが播磨であったのは、同年四月二十七日のことだった（『師郷記』）。

同年五月三日、持豊と教豊は播磨書寫山（兵庫県姫路市）に攻め込むと、則尚は戦うことなく逃亡した。戦いの余波は、意外なところに広がっていた。山名氏の軍勢が書寫山に雪崩れ込み、財宝、仏像、経典などを強奪したのである（『御廟講式裏書』）。このようなことは、前代未聞の出来事だった。

『赤松再興記』によると、則尚は檀特山（兵庫県太子町）の城に籠り、室山（兵庫県たつの市）に陣を置いた山名氏を攻めた。しかし、持豊が後巻として則尚の軍勢を包囲したので、則尚は備前国に落ち延びたという。

同年五月十二日、備前国「カラツ嶋」まで山名氏の軍勢が押し寄せ、則尚は自害して果てた。一族と家人二十人も死んだという。則尚に与同した有馬氏も自害した（『師郷記』）。『斎藤基恒日記』によると、則尚らが自害した場所は備前国大馬島とあるが、現在、則尚らが最期を迎えた場所は鹿久居島（岡山県備前市）とされている。

同年五月十三日、則尚らの首は、赤松氏の菩提寺である法雲寺（兵庫県上郡町）で実検された。則尚らは、幕府に敵対したわけではないので、首が京都に運ばれることはなかった。あるいは、則尚らの首は京都に運ばれたものの、管領の判断によって、密かに山名氏に返還されたとも伝わる。この間、則尚の被官人は丹波あるいは摂津で捕らえられ、中には討たれる者もいた（『師郷記』）。こうして赤松氏の残党は、次々と悲惨な運命をたどったのである。

次々と赤松氏一族が討伐されたが、決して悪いニュースばかりではなかった。享徳四年二月十九日、赤松時勝の子として誕生したのが次郎法師丸だった（『黙雲稿』）。のちの政則である。『蔭凉軒日録』亨徳四年二月十八日条には、「来る日（二月）十九日、赤松公（政則）まさに誕生す」と書かれている。この記事によって、政則が二月十九日の生まれであることが判明した。誕生日までわかるのは、珍しいことである。

同年十月十四日には、次郎法師丸の父・時勝が亡くなったが（『天隠略伝』など）、次郎法師丸の誕生によって、赤松氏には一筋の光明が差したのである。

†生き残った赤松氏庶流

さらに特筆すべきは、満祐に与同しなかったり、幕府に敵対したりしなかった赤松氏庶流は、何事もなかったかのように幕府に仕え続けたことである。

赤松氏の一族が次々と討伐されたことは、すでに見てきたとおりである。その中で、異彩を放ったのは赤松春日部家である。赤松春日部家は、応永三十四年の赤松満祐播磨下国事件の発端となった一族であり、嘉吉の乱では幕府軍に属して満祐討伐に動いた。以下、赤松春日部家の動向（赤松貞村の子・教貞以降）を取り上げることにしよう。

永享五年（一四三三）十一月、赤松貞村は菅野村を除く所領を長男の教貞に譲った（「赤松春日部家文書」）。貞村は嘉吉元年（一四四一）までその生存が確認できるので、かなり早い段階で所領を譲与したことがわかる。教貞が父の貞村と同じく将軍近習であったことは、『康正二年造内裏段銭並国役引付』という史料によって判明する。ただし、史料的な制約もあり、教貞が将軍近習としていかなる役割を果たしたのかは確認が難しい。

禅僧で歌人の正徹（しょうてつ）の歌集『草根集（そうこんしゅう）』によると、教貞の名前が錚々たる守護らに混じって確認することができる。教貞が幕府や武家らの主催する歌会に参加したことは、幕府近習として仕えていたことの証左になろう。そして、教貞が和歌に通ずる教養を兼ね備えた人物だったことがわかる。

康正（こうしょう）三年（一四五七）七月二十二日、教貞は没した（「太山寺文書」）。教貞の遺領は、いったん長男の千代寿丸（範行）に譲られたが、その後一転して刑部少輔貞長に与えられることになった（「赤松春日部家文書」）。その理由は、千代寿丸が逐電したからであるが、詳しい経緯などは明らかでない。千代寿丸の逐電の原因を端的に言えば、貞長との所領を巡る争いだったと推察される。貞長は赤松春日部家の系譜上に見えない人物であるが、どのような人物だったのだろうか。

貞長は、『長禄二年以来申次記』に御供衆として登場する。御供衆とは室町幕府直臣団の上層に位置し、将軍の外出に従うなど、将軍身辺に仕える職だった。同じ史料によると、貞長は年頭に椀飯（おうばん）を務めており、幕府から重用されていたことがわかる。椀飯とは歳首にあたって将軍に供応することで、重要な役目だった。ところが、この貞長の名前はやがて消え、『斎藤親基日記』文正元年（一四六六）閏二月十七日条に「刑部少輔貞祐」なる人物が登場する。貞祐もまた、幕府に仕えた人物である。

ここでは、赤松春日部家のみを取り上げたが、幕府に反抗しない限り、赤松氏庶流の人々は普通に幕府に仕えていたことを指摘しておきたい。

いったん赤松氏は事実上滅亡してしまったが、室町幕府内の混乱や守護同士の対立が引き金となり、復権への希望が少しずつ出てきた。次章では、赤松氏の復活の道のりを見ていくことにしよう。

第七章　赤松氏、復活への道のり

✝赤松氏再興のキーマン政則

いったん滅亡した赤松氏は復活を果たしたが、その立役者となったのが赤松時勝の遺児・次郎法師丸（のちの政則）である。赤松政則がいかなる人物だったのか、紹介することにしよう。

明応五年（一四九六）閏二月、政則は播磨国久斗山長円寺（くとうざんちょうえんじ）（兵庫県加西市）で病没した（『実隆公記』）。享年四十二。没年から逆算すると、政則は康正元年（一四五五）の生まれとなり、誕生日が二月十九日だったことがわかっている（『蔭涼軒日録』享徳四年二月十八日条）。残念ながら、母については不詳である。

父の時勝は、次郎法師丸の誕生後すぐ（康正元年十月）に亡くなったので、幼少の次郎法師丸は被官人の浦上則宗に養育されたという（『浦上美作守則宗寿賛』）。

浦上氏は赤松氏の奉行人を務めていたが、赤松氏再興以前の政則と浦上則宗の動向については不明な点が多い。赤松氏再興後、浦上則宗は強力なリーダーシップを発揮したが、政則との厚い信頼関係は、その幼少時だった頃から築かれたと考えられる。もちろん彼以外にも、政則を支える赤松氏旧臣は存在した。

†赤松政則の深い教養

赤松政則は、どのように評価されていたのだろうか。寛正六年（一四六五）十二月、次郎法師丸の元服出仕に参列した禅僧の季瓊真蘂（きけいしんずい）は、少年ながら次郎法師丸の「威儀粛然」とした態度に感嘆し、殿中の人すべてが慶賀したと述べている（『蔭凉軒日録』）。

季瓊真蘂は赤松氏の庶流・上月氏の出身で、当時は相国寺（京都市上京区）の塔頭・鹿苑院の蔭凉軒主（蔭凉職）を務めていた。赤松氏に近い人物の感想なので、多少は割り引いて考えるべきかもしれない。しかし、後述するとおり、政則が豊かな教養を兼ね備えていたのは事実であろう。

政則が猿楽に秀でており、名手だったことはよく知られている。人々が政則の舞に感嘆したことは、当時からすでに評判だった（『蔭凉軒日録』）。政則だけが猿楽を嗜んだのではなく、被官人らも愛好していた。猿楽は、もとは日本古来の歌舞や物真似そして曲芸や奇術なども含んでいたが、観阿弥（一三三三～一三八四）、世阿弥（一三六三～一四四三頃）が現在の能楽に近いスタイルに発展させた。室町期には武士の嗜みとされ、守護らは物心両面から猿楽を支援した。赤松満祐もその一人である。

意外なことに、政則は自ら作刀を行っていた。政則の為打銘のある刀剣は、全部で十三口（為打でないもの一口含む）が知られ、そのうち現存するものは八口である。なお、為打とは被官人などのために作刀することで、偏諱を与えた被官人の名前を刀剣に刻んだものである。政則の銘のある刀剣の初見は、文明十三年（一四八一）である。文明十三・十四年に政則が作刀した刀剣は、ほとんどが被官人への為打である。政則は自ら鍛えた刀剣を被官人に与えることで、求心力を高めようとしたのだろう。被官人への恩賞を意図した領国統制の一環である。

官務の壬生（小槻）晴富が記した『晴富宿禰記』は、政則が『矢開記』一巻を所望したことを載せている。矢開とは、武家の子供（男子）が鳥獣を初めて射たとき、餅を搗き、射た鳥獣を料理して祝うことをいう。『矢開記』は、その矢開の祝の餅について記した書物である。政則は幕府の要職である侍所所司でもあったため、武家故実に通じる必要があったので、同書を所望したと考えられる。

これ以外にも、政則が和歌・連歌に親しんだ事実がさまざまな記録で確認できる。以上の点から、政則は豊かな教養を兼ね備え、赤松氏当主としてふさわしい人物だったといえよう。

†禁闕の変で奪われた神璽

嘉吉の乱後、山名氏は播磨などの赤松氏旧領国の支配を進め、同時に赤松氏の旧臣らの討伐を行っていた。それらは赤松氏旧領国内だけではなく、京都市中でも行われた。先述のとおり、赤松氏旧臣で討たれた者は数多い。しかし、厳しい状況に追い込まれた赤松氏旧臣のなかには、何とか生き永らえて、赤松氏再興の機会をうかがう者もいた。そうした状況下で、ようやく赤松氏旧臣にチャンスが訪れたのである。

明徳三年（一三九二）の南北朝合一によって、南朝は事実上消滅し、以後は旧南朝と北朝の皇統が交代して皇位を継承することになった。ところが、その取り決めは反故にされてしまい、不満を持った旧南朝の人々は、後亀山法皇を報じて吉野（奈良県吉野町）に拠点を移した。以後、彼らは後南朝と称され、隠然たる勢力を形成した。

嘉吉三年（一四四三）九月、奥吉野に潜んでいた後南朝の源尊秀らは後花園天皇の内裏を襲撃し、三種の神器を強奪しようとした（禁闕の変）。このとき尊秀は幕府軍と交戦して、内裏に火をかけて逃走した。辛うじて後花園天皇は難を逃れ、賢所（宝鏡）とともに無事だったが、三種の神器のうち神璽が奪われた。三種の神器は天皇のシンボルでもあり、決して欠かすことができなかった。神璽を奪われたのは大失態なので、朝廷と幕府は早急に対応しなくてはならなかった。

事件の首謀者の源尊秀は後鳥羽院の後胤といわれているが、確たる証拠はない。後南朝の勢力には、後亀山天皇の子とされる金蔵主（万寿寺僧）・通蔵主（相国寺常徳院僧）という京都五山の禅僧に加え、日野氏のような有力公家も加担していた。その全貌は明らかにし難いが、後南朝の勢力は出自も階層も異なった広範な勢力で構成されていた。そして、禁闕の変は突発的ではなく、周到に準備されたものと考えられる。

禁闕の変後、後南朝の拠点はさらに南下し、奥地の川上・北山（奈良県川上村、上北山村）へと移っていった。その影響もあり、大和や伊勢では後南朝勢力が根付き、たびたび兵乱を催した。特に、伊勢の北畠氏は、後南朝を支援していた。室町幕府は敵対行動を繰り返す後南朝の対応に苦慮したが、解決の糸口は見えなかったのである。

†山名氏と細川氏、禁闕の変への関与

禁闕の変は、後南朝に関わる人々が単独で行ったものなのだろうか、当時、この変をめぐっては、疑わしい人物の名がいくつか挙がっている。

『看聞日記』嘉吉三年（一四四三）九月二十四日条には「このほか、公家、諸大名（細川、山名）同心し、廻文に判形を加えると云々」との記載があり、山名氏と細川氏が関与したことを示唆している。史料中の廻文とは、回覧して用件を伝える文書の意である。しかし、この場合は「判形を加える」とあるので、後南朝一党を支援し、反逆に加わることを誓約したものと考えられる。つまり、公家、諸大名（細川、山名）は結託して、あらかじめ後南朝の支援を互いに確認しあったことになろう。

『看聞日記』同日条には、日頃から山名氏が野心を抱いていたという風聞が流れており、細川氏も同心していたと書かれている。山名氏と細川氏が「縁者」であったと記載されているが、細川勝元が山名宗全（持豊）の養女（山名熙貴の娘）を妻として迎えたのは、文安四年（一四四七）のことである。勝元が家督を継承したのは、父・持之が亡くなった嘉吉二年（一四四二）八月のことで、叔父の細川持賢がこれを後見した。この頃には、すでに勝元が山名氏から妻を迎える話が持ち上がっていたのだろうか。

『看聞日記』嘉吉三年九月二十三日条には、内裏が襲撃された際に「焼亡の時分、諸大名、侍所等一人も参らず。公家人も参らず」と書かれている。内裏が襲撃されたという重大事件にも関わらず、大名や公家は誰一人として参上しなかった。首を傾げざるを得ない対応だ。のちのことになるが、文安六年（一四四九）七月には禁闕の変の謀叛人として山名氏の被官人が捕らえられ、尾張国で処刑されたという（『康富記』）。右の事情から、公家衆や山名氏・細川氏が結託し、変に関与したことが疑わ

細川氏略系図

- 頼元（養子。頼春子）
  - 満元（京兆家）
    - 持元
    - 持之
      - 勝元
        - 勝之（養子。教春子）
        - 政元
          - 澄之（養子。九条政基子）
          - 澄元（養子。義春子）
          - 高国（養子。政春子）
    - 持賢（典厩家）
      - 成賢
      - 政国（養子。持春子）
  - 満国
    - 持春（野洲家）
      - 教春
        - 勝之
        - 政春
          - 高国
      - 政国

畠山氏略系図

義深―基国―┬満家―┬持国―┬義就
　　　　　│　　　│　　　└持富（養子。満家子）
　　　　　│　　　├持永
　　　　　│　　　└持富―┬弥三郎
　　　　　│　　　　　　└政長
　　　　　└満慶―義忠―義有

れたのだろう。

嘉吉四年二月、紀伊国の玉置氏は畠山氏被官人の遊佐氏の邸宅において、変に関与した疑いで殺害された（『康富記』）。紀伊は大和に接しており、後南朝に与同する勢力が少なからず存在した。禁闕の変後も、後南朝に与する勢力の探索が行われ、次々と厳しい処分が科された状況がうかがえる。

ところで、山名氏と細川氏が後南朝に与同したことは、尋常なことではない。その背景には、いかなる事情があったのだろうか。そのカギを握ったのは、畠山持国の存在である。

†畠山持国の管領職復帰

畠山持国は河内、紀伊、越中などの守護職を保持しており、管領としても幕政に参画していた。ところが、義教が六代将軍に就任して以降、持国は勘気（かんき）を被（こうむ）り、河内へ出奔するなど不遇を囲っていた。嘉吉の乱で義教が暗殺されると持国は復権し、その翌年には細川持之の跡を受けて管領に復帰した。

持国が管領として幕政に復帰したことは、さまざまな問題を引き起こすことになった。その問題の一つが、加賀国守護職をめぐる富樫氏の内紛だった。

もともと加賀国守護は富樫教家が任命されていたが、嘉吉元年に将軍・義教が突如として教家の加賀国守護を剝奪し、弟の泰高に与えた。嘉吉の乱で義教が暗殺されると、義教によって取り上げられた公家・武家の所領が還付される方針が固まった。管領に復帰した畠山持国は、加賀国における富樫兄弟の内訌に介入する。

この時、畠山持国は、兄の教家を支援した。これには、亡き義教に対する怨恨があったのかもしれない。嘉吉元年十二月以降、富樫教家と泰高が激しく争った。その結果、持国の支援する教家が泰高に勝利したのである。

富樫氏略系図

高家—氏春┬昌家
　　　　　└満家—満春┬持春
　　　　　　　　　　├教家—成春
　　　　　　　　　　└泰高—泰成

嘉吉三年（一四四三）二月、泰高配下で加賀守護代を務めていた山川氏が京都に逃亡し、畠山邸を襲撃しようと計画した。山川氏に助力しようとして、細川氏一門衆から諫止されたのが持賢である。なぜ、細川持賢は山川氏の肩を持とうとしたのだろうか。

　持賢が泰高を支援した理由は、細川氏が持之の代から泰高を支持していたからだった。富樫氏の内紛の裏には、細川持賢と畠山持国という二大勢力の暗闘があったのだ。襲撃された持国は、山川氏が御料所代官を討ったことを理由として、泰高の討伐を強硬に主張した。持国の主張は認められ、とりあえず山川父子は切腹を命じられた。この件で細川持賢は、管領だった持国の前に屈したのである。

　山名・細川の両氏にとって、急速に力を付けた畠山氏は脅威の存在になった。嘉吉元年八・九月に京都で勃発した嘉吉の土一揆は、細川氏を牽制するために持国が仕掛けたとの指摘がある。義教死後における畠山氏・細川氏の対立は、かなり深刻なものだったと推測される。

　細川氏と畠山氏の関係が悪化する状況下において、山名氏は婚姻を通し、各守護家と積極的に連携を強めていった。文安四年（一四四七）には、山名持豊の養女（山名熙貴の娘）が細川勝元の妻として迎えられた。嘉吉三年には、周防守護・大内教弘が、持豊の養女（山名熙貴の娘）を妻とした。持豊が細川氏、大内氏と婚姻を通して関係を結んだのは、畠山氏を牽制する意味があったと考えられる。

　山名氏・細川氏が後南朝一党に与したという風聞の背景には、強大な力を持ちつつあった畠山氏への対策という意味があったのではないだろうか。後南朝一党が内裏を襲撃した際に、諸大名や侍所が馳せ参じなかったのは、そのような事情があったと考えられる。後南朝一党による内裏襲撃は周到に準備されており、山名氏・細川氏が背後で支援していた可能性が高いといえよう。

赤松氏旧臣を巻き込んだのは誰か

禁闕の変に関わっていたのは、細川氏、山名氏らだけではない。実は、赤松氏旧臣が加わっていたという記録がある。『大乗院日記目録』には「変の大略は赤松党の所為である」と記載されており、赤松氏が内裏襲撃に加わっていたことは、ほぼ間違いないと考えてよいのではないだろうか。『看聞日記』には「野心の牢人」なる言葉が書かれているが、これには主人を失った赤松氏の牢人を含んでいるに違いない。

では、なぜ赤松氏が変に関与することになったのか、もう少し背景を検討することにしよう。嘉吉の乱後の赤松氏旧臣は次々と討ち取られ、苦境に立たされた。赤松氏旧臣は主だけでなく、播磨に散在する所領をも失い、もはや各地を放浪する牢人にすぎなかった。彼らがこの苦しい状況を打破するには、赤松氏の再興以外に道はなかったはずである。

とはいえ、彼らが何の展望もなく、やみくもに赤松氏再興に動くことは決して得策ではなく、自滅する可能性が高い。仮に、彼らが禁闕の変へ関与したとするならば、それなりの人物から話を持ち掛けられた可能性がある。もちろん条件としては、赤松氏再興が示されたはずだ。もし、それが事実ならば、具体的に話を持ち掛けた人物が問題となる。畠山持国は変を鎮める立場にあったので、該当しないのは明らかである。また、山名持豊は嘉吉の乱で赤松氏を討伐し、赤松氏旧領国を接収したのだから該当しないだろう。

赤松氏旧臣に内裏襲撃の話を持ち掛けた人物として、もっとも可能性が高いのは細川持賢ではないだろうか。持賢は持国と加賀国守護・富樫氏の家督継承問題で対立しており、何よりも持国の台頭を脅威に感じていたのが持賢だった。二人の対立関係を考慮するならば、持賢が赤松氏旧臣を巻き込んで、畠山氏を陥れようとしても決して不思議ではない。しかし、仮に赤松氏が復権を果たしたとしても、播磨などの旧領国は山名氏が守護になっていたので、別の国の守護にならざるを得なかっただろう（あるいは単に幕政に参与するだけか）。

のちに赤松政則に加賀国半国の守護を与えられたことを考慮するならば、当初から赤松氏旧領国（播摩、備前、美作）以外の守護とすることを念頭に置いていた可能性があろう。ところが、禁闕の変後、すぐに赤松氏が復権したわけではなく、復権するには後南朝から神璽を奪還する任務を果たさなければならなかった。

†赤松氏再興の中心人物

　禁闕の変以前から、赤松氏旧臣が赤松氏再興を画策していたのは疑いない。赤松氏旧臣のなかで、中心的な役割を果たしたのは、石見太郎左衛門だった。石見氏とは、いかなる人物だったのだろうか。

　石見氏の史料は乏しく、『看聞日記』応永二十六年十一月二十四日条に赤松氏の使者として「石見新左衛門」の名前が見える程度である。東福寺僧侶・雲泉太極の日記『碧山日録』長禄三年十一月二十四日条には、「石見太郎（左衛門）」が赤松氏の家客であったとする。家客とは、客分程度の意味になろう。「石見新左衛門」と「石見太郎（左衛門）」には、何らかの血縁関係があったと考えられる。石見氏が赤松氏の配下にあったのは、史料的にもある程度裏付けられる。

　石見氏は、現在の兵庫県たつの市御津町岩見をその出自とする土豪クラスではないだろうか。岩見は、かつて播磨国守護代所があった場所である。『赤松盛衰記』には石見氏が赤松一家衆に名を連ねており、嘉吉の乱では石見太郎左衛門が城山城に籠城した記述がある。この石見太郎左衛門は、先述した『碧山日録』に登場する「石見太郎（左衛門）」と同一人物ではないだろうか。

同じく『赤松盛衰記』には、加古郡石守城（兵庫県加古川市）主として石見小五郎常晴の名前を挙げる。岩見と加古川とでは距離が離れているが、石見太郎左衛門と石見小五郎常晴は同じ石見一族と考えられる。ほかの嘉吉の乱関係軍記に目を通しても、石見氏は赤松満祐に従って、幕府軍と戦っていたことが書かれている。

嘉吉の乱に際して、石見氏は赤松氏の配下として幕府軍と戦った。戦後、赤松氏再興のために、石見太郎左衛門は暗躍したのである。石見氏は赤松氏被官人の中でも目立たない存在だったが、後南朝からの神璽奪還に際して重要なカギを握る。

赤松氏旧臣が神璽奪還に関わる経緯は、『赤松記』『南方御退治条々』『赤松盛衰記』の諸史料に記載されている。以下、その経過を述べることとしよう。

†長禄の変の端緒

赤松氏旧臣らに対して、神璽の奪還が持ちかけられたのは、嘉吉の乱から十五年を経た康正二年（一四五六）のことだった。

『赤松記』によると、赤松氏旧臣らは内大臣・三条実量の御内だった石見太郎左衛門を語らい、後花園天皇そして将軍義政への口入を実量へ依頼させることで、赤松氏再興つまり政則の出仕を持ち掛けたという。実量は次郎法師丸（政則）を庇護しており、石見太郎左衛門は経緯が不詳ながらも実量に仕えていた。

嘉吉の乱後、石見太郎左衛門が実量に仕えた理由は、乱における敗戦の罪滅ぼしにあった。罪滅ぼしとは赤松氏再興にほかならないが、赤松氏の旧領国は山名氏の手に渡っており、奪還するのは困難だった。そこで石見太郎左衛門は、後南朝一党を討ち果たし、神璽の奪還に成功すれば、安堵が叶うと考えたのである。打診された実量は、ただちに後花園と将軍の了解を取り付けたので、赤松氏旧臣は神璽奪還の任務を帯びることになった。

ところが、神璽奪還に成功した際の「安堵」については、『赤松盛衰記』や『赤松記』に詳しい具体的な内容が書かれていない。また、『赤松盛衰記』には、神璽奪還が勅命、つまり天皇の命令となっており、将軍の名はない。

「安堵」について詳しく記しているのは、『南方御退治条々』である。この史料は、赤松氏の庶流である上月氏の家伝文書「上月文書」に含まれるもので、後述する長禄(ちょうろく)の変(へん)の経緯を記した記録である。執筆したのは、後南朝の襲撃に加わった上月満吉なる人物で、長禄の変から二十余年を経た文明十年(一四七八)に完成した。満吉が執筆した動機は、長禄の変に関わった者として、末代の証拠を書き残そうとしたからだった。長禄の変後、完成までに二十年近い時間を経過しているが、当事者が残したものだけに信憑性が高い史料と評価されている。

『南方御退治条々』によると、将軍義政から下された御内書には、次のような条件が示されていたという（御内書そのものは残っていない）。

〈1〉加賀国半国守護（河北・石河両郡。富樫成春跡）
〈2〉備前国新田荘（岡山県備前市）、出雲国宇賀荘（島根県安来市）、伊勢国高宮保（三重県鈴鹿市）など

右の所領などは、播磨国など赤松氏旧領国の替地として準備されたものだった。ただし、用意された恩賞の地は、決して適当に選んだものではない。この点をもう少し考えてみよう。

†作戦に細川勝元の影

最初に〈2〉の所領から検討しよう。備前国新田荘には、貞和元年（一三四五）に赤松氏の菩提寺である宝林寺が建立されていた。しかし、宝林寺はまもなく火災で焼失し、播磨国苔縄（兵庫県上郡町）に再建された。備前国新田荘は赤松氏にとって、ゆかりの地だったといえる。出雲国宇賀荘は法成寺（京都市上京区）領・摂関家領だったが、特に赤松氏との関係は認めがたい。伊勢国高宮保は相国寺（京都市上京区）領だったが、あまり詳しいことはわからない。赤松氏に関係しそうなのは、備前国新田荘だけだった。

次に、〈1〉の加賀国半国（河北・石河両郡）守護である。もともと加賀国は富樫氏が守護を務めていた。赤松氏に与えることになっていたのは、加賀国の河北・石河・能美（のみ）・江沼（えぬま）の四郡のうち、加賀国北部の河北・石河両郡である。どちらにしても、赤松氏にとって加賀国は縁もゆかりもない国だったのはたしかなことである。

改めて確認すると、富樫氏が家督を巡って争乱となった際、泰高を支援したのが細川持賢であり、教家と成春父子を支援したのが畠山持国だった。文安四年（一四四七）以降、成春は加賀北半国（河北・石河両郡）、泰高は加賀南半国（能美・江沼両郡）の守護に任じられた。この措置によって、成春と泰高は和解したように思えた。なお、この年に持賢は、勝元の後見を取り止めた。

加賀北半国（河北・石河両郡）を政則に与えようとしたことは、再び富樫氏の内紛を招くことが予想された。あえて政則に加賀北半国（河北・石河両郡）を与えようと目論んだのは、泰高を支援する細川勝元による策謀だったと推測される。成春を放逐することができれば、泰高が安泰になるだけではなく、勝元と敵対する畠山持国の影響力を低下させることができる。それは同時に、加賀に接した越中に守護職を持つ持国の牽制にもなった。そのために勝元は、敢えて政則を加賀北半国（河北・石河両郡）に配置しようと考えたのだろう。

右の事情を考慮すれば、石見太郎左衛門が三条実量を通じて、天皇と将軍に神璽奪還を持ち掛け、申し出を受けた天皇と将軍は神璽奪還を条件にして、赤松氏の復権を認めたという通説には少しばかり疑問が残る。赤松氏旧臣の打診に対して、天皇と将軍が素直に応じるものだろうか。その背後には富樫成春を排除し、畠山持国を牽制しようとする細川勝元の意向があったのではないかと推測される。

当時、三種の神器を欠いても天皇の正統性が保たれることは、公家の二条良基によって理論的な構築がなされていた。南北朝の争乱以降、南朝と北朝の間で三種の神器の争奪戦が繰り広げられた。しかし、現実には周囲が天皇であることを認めれば事足りるわけで、三種の神器の重みは徐々に薄れていった。それは、平安末期に失われた宝剣が代替品だったことも多分に影響しているだろう。また、禁闕の変以後、三種の神器がないことによって、何らかの支障が出たとの記録が見当たらない。

そう考えるのならば、神璽奪還についての天皇や将軍の意向は最終的な決断にすぎず、実際は勝元の意向を色濃く反映した政治的な意味が大きかったと考えられる。

†決死の潜入作戦

右の経過を経て勃発したのが長禄の変である。以下、上月満吉の『南方御退治条々』を中心に、長禄の変の経過を記すことにしよう。

康正二年（一四五六）十二月二十日、赤松氏旧臣らは神璽を奪還すべく吉野（奈良県吉野町）へ向かった。この一カ月前、南方宮が吉野で蜂起したため、義政は大和興福寺（奈良県奈良市）などに対して軍勢催促を促していた。上月満吉、間島彦太郎を主要メンバーとする赤松氏旧臣の総勢二十数名は、いよいよ神璽奪還に着手したのである。

彼らはまともに「後南朝討伐、神璽奪還」を掲げ、吉野へ向かったのではなかった。『赤松記』は、赤松氏旧臣の吉野殿（後南朝）を攻略する作戦として、「赤松氏牢人はどこにも仕えるところがなく、これ以上辛抱することもできないので、吉野殿（後南朝）を頼り吉野へ参上することとした。赤松氏牢人が「一味して都を攻め落とし、ぜひ御供したい」と申し入れると、吉野殿は同心するとのことであった」と記している。

幕府や朝廷は、赤松氏旧臣を全面的に支援しなかったのだろう。あくまで作戦は、赤松氏旧臣に委ねられた。赤松氏旧臣は後南朝に怪しまれないため、効率的な作戦を考えた。赤松氏旧臣は都を攻め落とす（朝廷と幕府を討つ）ことを口実にして、後南朝勢力に擦り寄る作戦を用いた。

この作戦は功を奏し、赤松氏旧臣は後南朝の内部に潜り込むことに成功する。

赤松氏旧臣には神璽奪還への強い意気込みがあったものの、必ずしも意思統一が十分ではなかった。後南朝討伐に躊躇する者がいたことは、「さて大勢は御隔心なれば、夜討に入べき人数をすぐり」という記述にあるとおりで、夜討ちの人選を厳選したという（『赤松記』）。また、「返り忠」つまり裏切る気持ちを持った、赤松氏旧臣がいたとも記されている（『南方御退治条々』）。皇胤を討つという任務なのだから、無理からぬところである。

上月満吉が悲壮な覚悟で臨んだことは、吉野に入山する約一カ月前、娘の五々に残した譲状から明らかである（「上月文書」）。内容を要約すると、朝廷と幕府の命により吉野へ向かい、本意（神璽奪還）を達したいこと、そのためには再び帰ることができない覚悟があるという、まさしく決死の覚悟だったのだ。

赤松氏旧臣は、後南朝の内部に潜り込むことに成功したものの、その警戒心を解くには困難が伴った。赤松氏旧臣・中村貞友の配下にあった小谷与次は「忠阿弥」と号し、人目をくらましながら何度も御息所を訪問した。何度か後南朝皇胤の一宮、二宮に事情を話すうちに、ようやく態度を和らげることができたという。後南朝側の警戒心を解き、心を開いてもらうだけでも、相当な苦労があったのだ。

当時、後南朝はどのような状況にあったのだろうか。後南朝の皇胤の一宮が北山（奈良県上北山村）、二宮が河野郷（奈良県川上村）にいたが（『南方御退治条々』）、二人の系譜や事蹟などは詳しくわからない。また、大和国の土豪らが皇胤の二人を支えていたと推測されるが、詳細は不明である。

†神璽奪還への道

赤松氏が神璽を奪還するには、事前の調査などで一年余の準備を要した。以下、『南方御退治条々』に加えて、神璽奪還の経過を詳しく記す『経覚私要鈔』や『大乗院寺社雑事記』などを参照して述べることにしよう。

長禄元年（一四五七）十二月二日の子の刻（午前〇時頃）、赤松氏旧臣が神璽奪還を実行に移した。その日は、大雪が降る寒い夜であったという。この間、赤松氏旧臣らは後南朝との厚い信頼関係を築いたので、もはや疑念を抱かれていなかったのだろう。後南朝にすれば、彼らが神璽奪還を目論んでいるとは、夢にも思ってもいなかったに違いない。

その日、赤松氏旧臣の丹生屋帯刀左衛門（にゅうのやたてわきざえもん）、同四郎左衛門兄弟は、一宮のいる北山へ忍び込んだ。兄の帯刀が一宮の首を討ち取ると、内裏に押し入って神璽の奪還に成功した。ところが、吉野の郷民らは一宮が討たれ、神璽を奪還されたことに気付いたので、丹生屋兄弟を追い掛けて、一宮の首と神璽を取り戻した。そして、丹生屋兄弟を伯母谷（おばたに）で討ち取ったのである。

時を同じくして、河野郷に向かった赤松氏旧臣は、二宮の首を討ち取った。二宮の首を取ったのは、上月満吉だった。襲撃した面々は上月満吉のほか、間島彦太郎、中村貞友、小谷与次など八名である。しかし、中村貞友は二宮の首を運ぶ途中で、吉野の郷民に襲撃されて討ち取られてしまった。

赤松氏旧臣は神璽奪還に成功したが、後南朝を支援する郷民らの反撃によって、再び神璽を奪われてしまったのだ。

ここで登場したのが、小寺藤兵衛入道である。小寺氏はかつて備前国守護代を務めた家柄でもあり、赤松氏旧臣の中でも家格が高かった。しかし、小寺氏単独では大和国の地理や人脈に不案内という事情もあり、大和の有力な豪族である越智家栄と小川弘光という両人の協力が不可欠だった。

越智氏は南北朝期を通して南朝方に与し、正長二年（一四二九）に勃発した大和永享の乱では畠山持国に支えられ、細川持之の支援を受けた筒井氏に対抗した。筒井氏もまた大和の有力な豪族だった。越智氏は筒井氏の攻略に成功したものの、永享七年（一四三五）の多武峰の戦いで幕府・筒井軍に敗れた。いったん越智氏は没落したが、畠山持国は越智氏への助力を惜しまず、家栄に断絶した越智氏の家督を継承させたのである。

一方の小川氏は丹生神社（現在の丹生川上神社中社）の神主職を代々務め、吉野郡小川郷（奈良県東吉野村）を本拠とする土豪である。のちには、興福寺（奈良県奈良市）大乗院門跡の支配下に入り、国民に列せられるなど在地の有力者だった。

†神璽の帰洛

長禄二年（一四五八）三月、小川氏が南帝の在所に討ち入ると、見事に神璽の奪還に成功した。その後の計画は、小川氏が越智氏のもとに神璽を持参し、四月十三日に都に奉る手はずだったという（『大乗院寺社雑事記』）。幕府は大和国内の国民・衆徒を動員し、都まで神璽を運ぶ者たちの警護を計画したが、事態は思いがけない方向に展開する。

同年四月、幕府は使者を越智氏の在所に向かわせた。神璽の奪還の労に報いるため、小川氏に所領を一カ所、赤松氏の牢人に所領を二カ所与えると報告したのである。ところが、小川氏はなぜか態度を急変させ、都への神璽の献上を渋り出した（『大乗院寺社雑事記』）。すっかり困惑した幕府は、越智氏を小川氏の説得に当たらせたが、小川弘光がさまざまな要求をしていたので事がうまく進まず、加えて一族の小川弘房が神璽を抱え込むという問題もあったようだ（『経覚私要鈔』）。

幕府は小川氏を説得すべく、伊勢の北畠教具に交渉を依頼した。教具は自ら宇陀郡へ向かうと、配下の沢氏ら三名を使者として小川氏のもとに派遣した。しかし、小川氏側はやって来た三名の使者を追い払い、仮名状をもって「神璽は小川弘房が持ち出し、逐電した」と通達した。これが事実か否か不明であるが、同年五月三十日のことだった。

同年八月二十六日になると、一転して神璽が都に送られることになった。なぜ小川氏が了解したのかは不明である。神璽還幸の予定は、同月二十七日に長谷（奈良県桜井市）まで行き、翌日に奈良に到着するものだった。神璽は小川一党をはじめ二百数十名の衆徒・国民に警護され、三十日に無事帰洛したのである。彼らは醍醐寺三宝院天神堂（京都市伏見区）に神璽が納められるまで供奉した。

この経緯から明らかなように、決して赤松氏が単独で神璽奪還を行ったのではなく、最終的には小川氏が奪い返したものだった。小川氏は大和国内の地理や周辺地域の事情に精通しており、あるいは後南朝の事情にも通じていたかもしれない。ただ、小川氏が積極的に協力した理由は不明であり、恩賞が目的だけではリスクが高いように思える。

ところで、大学者で摂関家の一条兼良は、無事に神璽が戻ってきたにもかかわらず、しらけた態度を取っていた。『大乗院寺社雑事記』長禄二年八月晦日条によると、兼良は神璽が京都に戻ってきたことについて「無益のことである」と感想を述べており、神璽の帰京に意味を見出さなかった。兼良は三種の神器に特段の意義を見出さず、むしろ一連の神璽奪還を単なる茶番とすら感じていたようだ。その理由は、先述のとおり三種の神器の有無が天皇位に悪影響を及ぼさないと思ったからだろう。

†赤松氏、表舞台へ

神璽奪還後、赤松氏には約束どおり恩賞が与えられ、念願の幕政への復帰を成し遂げた。その経過を取り上げておこう。

長禄二年（一四五八）十一月十九日、赤松氏は幕府から再興を許され、次郎法師丸（政則）の出仕が認められた（『蔭凉軒日録』）。神璽が京都に戻ってきてから、約五十日後のことだった。すでに触れたとおり、赤松氏再興の背景には、当時管領だった細川勝元の助力があったと考えられる。以後、赤松氏は細川氏の与党に組み入れられ、山名氏との対決姿勢を強めることになった。

赤松氏の再興によって、長禄の変で貢献した旧臣らもその恩恵を受けた。政則の周辺で、雑掌として仕えた明石氏・堀氏らはその代表だろう。翌長禄三年（一四五九）五月六日になって、ようやく赤松氏に恩賞が与えられた。政則が幕府に出仕を認められてから、さらに約半年もの期間を要したことになる。

実際に赤松氏に与えられた恩賞は、加賀国半国守護と備前国新田荘だけだったようだ（『蔭凉軒日録』）。当初の約束であった伊勢国高宮保や出雲国宇賀荘は、いったいどのような扱いになったのだろうか。

文正元年（一四六六）、伊勢国高宮保について、加賀国内の闕所地と替地を願い出て幕府に承認された。高宮保は遠隔地にあったので、政則は守護職を得た加賀国内の方がよいと判断したのであろう。出雲国宇賀荘については、その後の扱いが不明であり、実際に政則には与えられなかった可能性がある。

一方、政則に与えられた加賀国半国守護は富樫成春の跡職であり、備前国新田荘は同国守護山名氏のもとにあった。問題は幕府の承認のもと、堂々とそれらの恩賞を受け取ることが可能だったか否かである。特に、加賀国半国守護は、富樫氏一族が揉めていたという事情があった。実際には、加賀半国や新田荘に入部を果たすのは非常に困難であり、実力行使でもぎ取るしかなかったのである。

その一方、寛正二年（一四六一）、政則は糺河原（京都市左京区。賀茂川と高野川が合流する地）での勧進猿楽に諸大名とともに招かれたので、赤松氏はかつての「四職家」の一員としての栄光を取り戻しつつあったのである。

†備前国新田荘への入部

備前国新田荘は、現在の備前市東部を中心とした非常に広大な荘園である。しかも、赤松氏と縁の深い土地柄でもあった。赤松氏が新田荘を得ることは、大きな意義があったと認められる。

備前守護を務めていた山名氏にとって、赤松氏に新田荘が与えられたことは、面倒になったと思ったに違いない。山名氏はせっかく備前守護になったのだが、その領国内に赤松氏を抱え込むことは、さまざまなデメリットが予測された。

長禄三年（一四五九）の春になって、赤松氏は一族の宇野上野入道を新田荘に入部させた。しかし、宇野上野入道の入部は山名氏からすんなり認められず、山名氏の被官人・足立彦左衛門尉らとの合戦になった。長禄三年六月晦日、山名教之と赤松次郎法師丸は新田荘内の三ヵ保をめぐって、対決の様相を見せたのである。

山名氏が赤松氏の新田荘への入部を拒んだのには、もちろん理由があった。赤松氏は菩提寺である宝林寺と法雲寺（以上、兵庫県上郡町）の寺領が不知行になっていたので、山名氏に寺領還付を求めたところ難色を示されたからだ。山名氏が両寺への寺領還付を認めなかったのは、赤松氏の影響を懸念したからだろう。そこで、山名氏は新田荘の主要な領域を占める、三石、藤野、吉永の三つの保が荘域に含まれているか否かを問題としたが、幕府は最終的にこの訴えを退けたのである。

その後も新田荘をめぐる山名氏と赤松氏の相論は何度か繰り返され、赤松氏が新田荘に簡単に入部できなかったのは事実である。赤松氏は新田荘を幕府から恩賞として与えられたものの、山名氏が認めなかったので、あとは実力次第というのが現実だった。

†赤松政則の苦闘

赤松氏が補任された加賀半国守護は、さらに過酷な状況にあった。加賀国守護職をめぐっては富樫氏が一族で争っており、細川勝元は富樫泰高を支援すべく、背後で策略をめぐらしていた。教家と成春父子を支援したのは、勝元との関係が良くなかった畠山持国である。政則が得た加賀半国守護は、持国派の富樫成春の跡だったのだから、入部に際して困難が伴うのは自明だった。

長禄三年(一四五九)十月、赤松氏が加賀に入部しようとすると、すぐに富樫氏の被官人・岩室氏と交戦状態に陥った。岩室氏は赤松氏が守護になることなど、とても承認できなかったのだろうが、政則はただちに応戦を試みたわけではない。政則には加賀半国守護に就任したという将軍の御教書があり、それを根拠として平和的な解決を望んだのである。しかし、現実に御教書の有効性は乏しく、赤松氏は富樫氏と戦わざるを得なくなり、赤松氏被官人の中村氏が笠間(石川県白山市)で交戦した。

政則は富樫氏と交戦しつつも、室町幕府の裁定を希望したが、幕府は何ら判断を下すことがなかった。幕府は富樫氏への説得が困難と考え、裁定を下したところで無意味になることを予想したのかもしれない。結論を端的に言えば、政則は幕府の力に頼ることなく、実力で加賀国半国守護を勝ち取るしかなかったのだ。

ようやく長禄四年（一四六〇）八月頃になって、赤松氏による加賀半国の支配は徐々に展開したことを確認できる。赤松氏の被官らが加賀に入部してから、約一年もの年月を要した。赤松氏と富樫氏との戦いは不明な点が多いものの、結果的に富樫氏の勢力を排除できたと考えられる。加賀半国の支配は守護代の小寺氏が担当し、支配関係の史料も若干残っている。

かつて、赤松氏が加賀半国の守護に補任されたことは、単に形式的なものにすぎず、支配の実効性にはほとんど注意が払われなかった。赤松氏は加賀国と無縁というイメージがあったので、十分な研究が行われなかった。ところが、赤松氏の加賀半国支配は実効性を持っており、いくつかの史料から加賀半国支配の様相を確認できる一方で、その支配が長く続かなかったのも事実である。

応仁元年（一四六七）に応仁の乱が勃発すると、赤松氏は即座に播磨へ侵攻し、山名氏の勢力を追い払った。政則は、播磨国など三カ国守護に返り咲いたのだ。一方、その翌年の応仁二年五月、加賀半国守護代の小寺氏は、富樫氏と戦って敗北した。以降、赤松氏と加賀半国の支配に関わる史料が見られなくなることから、おおむねこの時点で、赤松氏は加賀半国守護から外れたと考えてよいだろう。

このように、きわめて短期間ではあったが、赤松氏は加賀半国守護として実効支配を展開した。守護という地位には、それだけの重みがあったのであるが、地縁のない地域でもあったので、その支配は長く続かなかった。最終的に赤松氏が加賀半国を放棄せざるを得なかったのは、播磨国など三カ国守護に復帰したこともあるが、遠隔地の支配は難しいうえに多くのリスク(富樫氏家臣らの反乱など)が予想されたからだろう。

長禄の変は、赤松氏再興の大きなターニングポイントだったが、その背景には細川氏をはじめとする諸大名の思惑があったことに注意すべきである。決して、それは赤松氏単独ではなしえなかったのだ。

†赤松氏重臣・浦上則宗の台頭

赤松氏の再興が成功した理由は、何も細川氏の支援だけではなかった。次郎法師丸(政則)のために、命を投げ打った家臣の存在があったのは先に触れたとおりで、なかでも特筆すべきは浦上則宗の存在だった。

もともと浦上氏は、播磨国揖保郡浦上荘(兵庫県たつの市)を本拠とする武士だった。浦上氏は鎌倉末期から史料上にあらわれ、南北朝に赤松氏が台頭すると、その配下として奉行人または備前国守護代として活躍した。則宗が史上に登場するのは、長禄の変以降のことである。則宗の生年は永享元年（一四二九）なので、赤松氏再興後は三十代に手が届こうとする壮年期になっていた。

則宗がその実力をいかんなく発揮したのは、寛正三年（一四六二）十月に京都で勃発した蓮田兵衛による土一揆に対処したときだった（寛正の土一揆）。一揆の原因は、飢饉による人々の窮乏化によるものと考えられている。

寛正の土一揆の大将は蓮田兵衛という牢人で、寺社領や「富タル人々」（金融業の土倉・酒屋）の家を襲撃・放火し、財宝を奪い取った。蜂起から十日ほど経過すると、蓮田兵衛は「大名内者」を仲間に引き込み、ますます一揆の規模を拡大させた。これまでの一揆勢は、寺社領に攻め込んだことがなかったので、人々は右往左往するばかりだった。寛正の土一揆は、新たな形態の一揆だったと指摘されている。

幕府は、侍所所司代の多賀高忠に一揆の鎮圧を命じ、守護の京極持清・赤松政則らの兵がこれに従った。対峙した一揆勢はまたたくまに洛中に攻め込み、さらに東寺（京都市南区）に籠城したが、一カ月後の十一月に鎮圧された。戦闘は賀茂付近で行われたが、一揆を鎮圧したのは則宗が率いる赤松勢だった。当時、まだ少年だった次郎法師丸（政則）が戦闘の指揮を取ったとは思えないので、実質的に戦いの采配を振っていたのは、則宗だったと考えてよいだろう（『蔭凉軒日録』）。則宗は、優れた軍事的な才覚に恵まれていた。

則宗は寛正六年（一四六五）十一月の土一揆においても、多賀高忠とともに一揆鎮圧の功労者となった。一連の活躍により、幕府は則宗に厚い信頼を寄せることになった。同年十二月、次郎法師丸は無事元服を済ませると、将軍義政の一字「政」を拝領して政則と名乗った（『蔭凉軒日録』）。当時、政則は加賀国半国守護職を保持するにすぎなかったが、元服を終えたことにより、名実ともに赤松氏の当主になったといえよう。

†守護代層が発揮した実力

浦上則宗は土一揆の鎮圧に貢献し、幕政に食い込んでいったと考えられる。それは赤松氏のみならず、則宗の地位向上にもつながった。

寛正六年十一月、義政の子（のちの九代将軍・義尚）が誕生した際に、産所の細川常有邸に多くの守護が参賀した。赤松方の被官人として名を連ねていたのは、「浦上美作守」つまり則宗だった。則宗が同行したのは、まだ青年だった政則のサポートのためにほかならない。当時、現地支配を任された守護代層が台頭し、守護家を支えることが珍しくなかった。美濃国土岐氏の被官人・斎藤妙椿（さいとうみょうちん）や近江国守護京極氏の被官人・多賀高忠らも守護代層として台頭し、大いに権勢を振った。

越前守護代の朝倉氏は主家の斯波氏を放逐し、自らが越前を支配した。同じく出雲守護代の尼子氏も主家の京極氏を放逐し、自らが出雲を支配した。十五世紀の半ば頃、守護代層は着実に主家を凌ぐ力を付けていたのである。

本来、守護代とは守護の代官を意味するものであり、守護が在京義務を果たしている間、領国支配を代わりに行う職務だった。あえて彼らを守護代層と記すのには、もちろん理由がある。たとえば、多賀高忠は単なる守護代ではなく、当主の京極持清が侍所所司に就任した際、所司代として支えた。先述のとおり、高忠は土一揆の鎮圧に成功し、幕府から厚い信頼を勝ち得ており、それは守護以上の貢献度だった。

通説的な理解によると、則宗は守護代として理解されている。ところが、則宗は現地（加賀）に在国して支配を行ったわけではない。それは、応仁元年（一四六七）の応仁の乱勃発後、赤松氏が播磨国など三カ国を奪還してからも同じである。則宗は在京し、当主の政則を支えるとともに、幕政にも参与していた。そして、赤松氏領国の守護代に対しては当主の意を奉じ、命令を下す立場にあった。一時、則宗は異例ともいえる山城国守護を任されそうになったほどである。通常、山城国守護は侍所所司が兼ねるのだから、いかに則宗の行政手腕が幕府から認められたかわかるであろう。

したがって、則宗を守護代と定義づけるのは不適切であり、あえて守護代層と称するのは、右の理由による。当主の膝下にある則宗が、相対的に現地の守護代よりも地位が高くなるのは、むしろ当然のことだったといえる。

では、則宗の権力の源泉はどこにあったのだろうか。南北朝期以来、浦上氏は赤松氏の在京奉行人として仕えてきた。奉行人は訴訟裁定などに関与する一方、当事者である公家や寺社の人々と濃密な人間関係を築いた。実務のノウハウも必要であるが、人間関係の構築が重要だったことはいうまでもない、むろん、幕府関係者とも良好な関係を築いたに違いない。則宗は先祖と同じく、右の才覚を保持していたのだ。

赤松氏の再興には、則宗のような存在が不可欠であり、決して細川氏らの支援だけでは成しえなかったのである。

†文正の政変――斯波家の家督問題

政則復活の背景には細川勝元だけでなく、季瓊真蘂、伊勢貞親らの後押しも大きかったと考えられる。季瓊真蘂は、赤松氏の庶流・上月氏の出身で蔭凉軒主を務めていた。嘉吉の乱で逼塞（ひっそく）を余儀なくされるが、長禄二年（一四五八）に義政に引き立てられて表舞台に復帰し、伊勢貞親らとともに義政の政治顧問的な立場となった。季瓊真蘂は京都五山（南禅寺、天龍寺、相国寺、建仁寺、東福寺、万寿寺）の人事権を掌握し、幕政にも強い影響力を持つようになっていた。

一方の伊勢貞親は貞国の子で、室町幕府の政所執事を務めた。享徳三年（一四五四）に父の貞国が亡くなると、室町幕府に出仕したものの、家職の政所執事は二階堂忠行が担当

斯波氏略系図

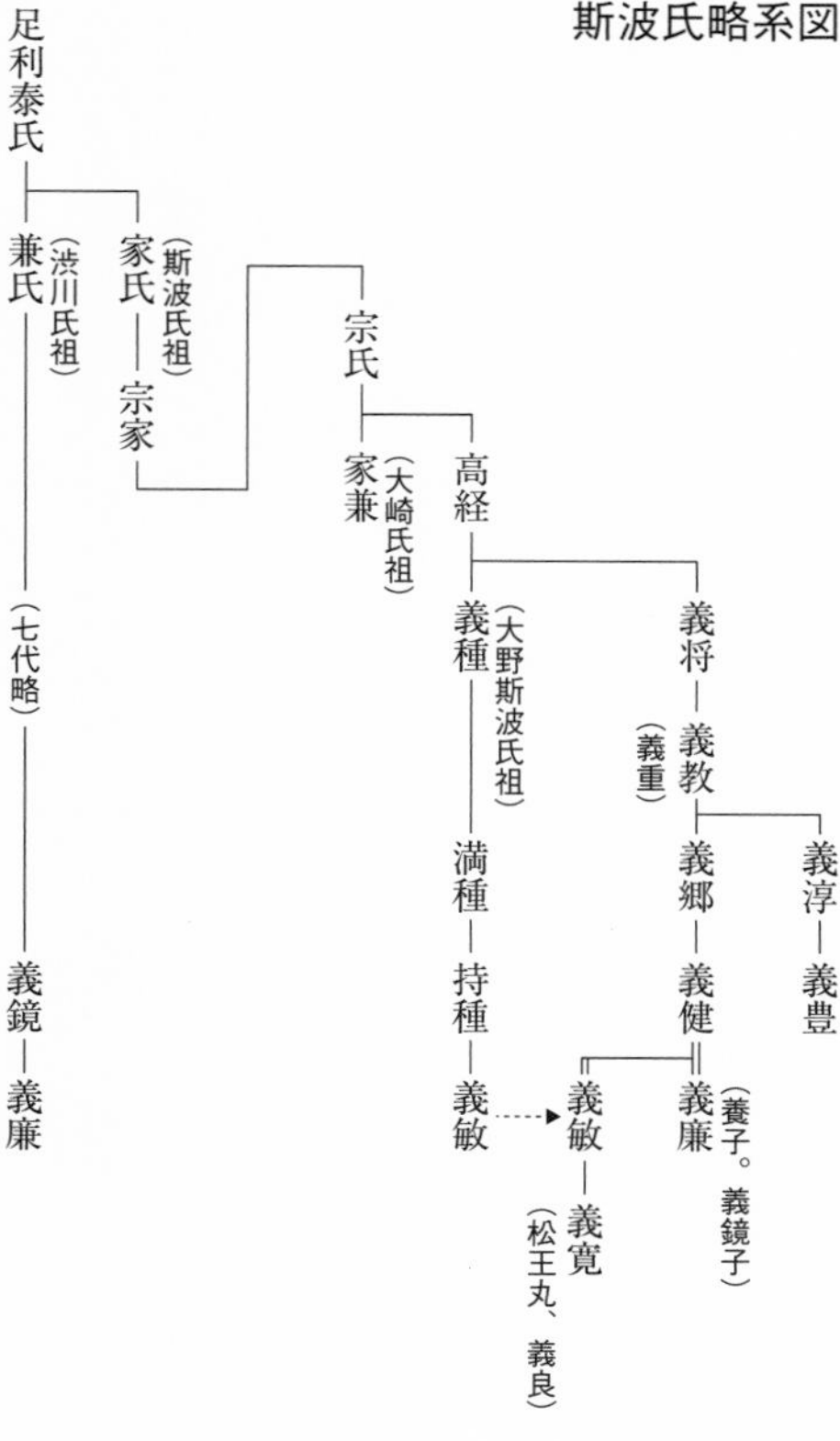

することになった。貞親が政所執事に就任するのは、寛正元年（一四六〇）のことである。貞親は義政から全幅の信頼を寄せられたこともあり、幕府財政、政所の実権、奉公衆の指揮権なども完全に掌握した。義政の子・義尚の乳父（めのと）にもなった。

貞親はあまりにも強大な権力を持ったため、やがて細川勝元と対立する。その結果、勃発したのが文正の政変である。文正の政変に関係していたのが、家督争いを繰り広げていた管領家の斯波氏である。

享徳元年（一四五二）九月、斯波持種の子・義敏（よしとし）は、亡くなった惣領家の義健の跡を受けて、斯波家の家督を継承した。義敏は越前、尾張、遠江の三カ国の守護になったが、やがて重臣の甲斐常治（かいじょうち）と対立し、長禄二年（一四五八）に合戦に至った。このことが問題視され、義敏は幕府から家督を廃された。その後、義敏の子・松王丸が家督を継いだが、寛正二年（一四六一）に渋川義鏡（しぶかわよしかね）の子・義廉（よしかど）が斯波家の家督に据えられたので、これが義敏と義廉の争いの発端になった。

義廉は父・義鏡の妻が山名氏の一族だったという縁をたどり、山名持豊に急接近した。文正元年（一四六六）、義廉は持豊の娘を娶（めと）ることで、山名氏との紐帯をいっそう強くした（『蔭凉軒日録』）。持豊にとって義廉と婚姻を通して関係を強化することは、もちろん好都合だった。それは、当時の持豊との置かれた立場に関係があった。

持豊は畠山義就を支持していたが、勝元は当時管領を務めていた政長（持富の子）を支援していた。さらに、持豊は勝元と対立関係にあった大内政弘とも良好な関係を結んでいた。この時点で、山名持豊―畠山義就―斯波義廉―大内政弘の提携ラインが成立し、持豊は勝元に対抗しようとしたのである。

ところが、伊勢貞親は持豊の不穏な動きを見逃さなかった。文正元年八月、貞親は蔭凉軒主の季瓊真蘂と謀り、山名持豊の娘と義廉との婚姻を解消するように命じ、両者の関係強化を妨害しようとした。そして同じ月、義敏に越前国など三カ国守護職を与え、復権させたのである。それは義廉にとって予想外のことで、とうてい承服できなかったに違いない。こうして勃発したのが、以下に述べる文正の政変なのである。

†文正の政変勃発

文正の政変の前提として重要なのは、義政が弟の義視を後継者にしたことである。義視は義教の十男だったので家督を継げず、嘉吉三年（一四四三）に出家して、浄土寺（京都市左京区）に入寺していた。しかし、義政に子がなかったので、寛正五年（一四六四）十一月に還俗して後継者に据えられた。翌年十一月、義政と富子の間に義尚が誕生すると、義視の将来に暗雲が立ち込めた。

足利義政が義視を追討しようと決意したのは、文正元年（一四六六）九月五日のことだった（『大乗院寺社雑事記』）。義政が決意したのは、義視が陰謀を企てていると、伊勢貞親が義政に報告したことが発端だった。身に覚えのない義視は大いに狼狽し、勝元に自身が無実であることを訴えた。そこで、勝元が義政に申し開きを行った結果、「義視の陰謀」とは貞親と季瓊真蘂の讒言だったことが判明したのである。

翌日、義政は勝元を通して貞親に切腹を命じると、貞親は近江国に逃走した。事件に関与したと思われる、季瓊真蘂、赤松政則、斯波義敏らも京都から逃走した。これが文正の政変の顚末である。赤松氏が加担していたのは、季瓊真蘂が赤松氏と関係が深かったからだろう。文正の政変により、義敏は返り咲いたばかりの守護職を失ったのである。持豊にすれば、義廉と対立する義敏が失脚したのだから、誠に好都合な事件だったといえよう。では、なぜ貞親は義視を陥れるような讒言をしたのだろうか。

その背景として重要なのは、貞親が義政の子・義尚の乳父だったことである。貞親は後継者の本命である義視を失脚させ、義尚を次期将軍に据える希望があったと考えられる。この事実を裏付けるかのように、貞親が近江国に没落したあと、京都に残った貞親の子・貞宗と叔父の貞藤は義尚を奉じたことを確認できる。従来説に拠ると、富子が我が子かわいさに義尚を将軍職に就けようと画策したとされているが、それは誤りである。実際は貞親の謀略であり、幕府内における立場を優位にするためだった。

同時に発覚したのが、幕府の有力者である山名持豊と細川勝元の根深い対立だった。勝元は、持豊と提携関係にあった畠山義就―斯波義廉―大内政弘と良好な関係になかった。こうした複雑な人間関係も災いし、二人の深刻な対立はもはや修復が不可能なほど悪化したのである。持豊と勝元の関係が悪化したのには、もう一つの深刻な問題があった。

これより以前、勝元は持豊の子・豊久を養子として迎え、細川家を継がせる予定だった。しかし、文正元年（一四六六）に子の政元が誕生したので、後継者に定めることにした。養子だった豊久は出家させられたので、持豊は豊久を還俗させて山名家に引き取ったという事情があった。そもそも勝元は持豊の娘を妻としており、両者の関係は安泰のはずだった。ところが、両者が提携する守護との関係、養子関係の破綻などによって、持豊と勝元は対立する関係に至った。やがて、両者の確執は、応仁・文明の乱という日本全国を巻き込んだ争乱につながったのである。

†応仁・文明の乱と赤松氏

混沌とした政治的状況下において、赤松氏の三カ国守護復帰は水面下で少しずつ進んだ。応仁・文明の乱勃発前、播磨国内では赤松氏牢人の動きが活発化していた。

寛正六年（一四六五）六月十二日、室町幕府は「罪科を招く播磨国の牢人衆の名前を注進せよ」と播磨国守護・山名持豊に命令を発した（「伊和神社文書」）。罪科の具体的な内容は不明であるが、播磨国内で赤松氏再興を企てる牢人衆の動きが活発となり、幕府あるいは山名氏を脅かすような存在になっていたのだろう。嘉吉の乱後、山名氏は播磨国内で過酷な支配を展開し、赤松氏旧臣を討つようなこともしていた。

時代の流れは、赤松氏に追い風となっていた。将軍の足利義政は有力守護を統制できず、細川勝元と山名持豊はそれぞれが与党を形成し、徐々に対立を深めていた。その背景にあったのは、各守護家の家督継承をめぐる争いである。畠山氏、富樫氏、斯波氏などの例は、その代表といえよう。むろん将軍家も例外ではなく、義政の弟・義視と義尚（義政の子）は、次期将軍の座をめぐって確執していた。

やがて、家督をめぐって争っていた将軍家、守護家は、勝元陣営の東軍、持豊陣営の西軍へと収斂し、政則が属したのは東軍の勝元陣営だった。文正の政変では勝元と対立して逃亡したが、その後は許されていた。政則が勝元を頼ったのは、山名氏に奪われた旧領国の奪還が目的だったことにほかならない。勝元は山名氏を牽制するために政則を自陣に引き込み、対抗する手段を取ったのである。

こうして応仁元年（一四六七）一月、ついに東西両軍は全面的な争乱に突入した。この一連の流れこそが、応仁・文明の乱のはじまりなのだ。

乱が勃発すると、赤松氏はただちに播磨奪還の兵を挙げた。応仁元年（一四六七）五月、赤松氏の兵が播磨国に侵攻すると、すぐさま山名氏の兵を国外へと追いやり、奪還に成功した。『応仁記』によれば、赤松勢が播磨国に乱入すると「本国のことなので百姓・土民とも協力したため、容易に手にいれることができた」と記されている。山名氏の過酷な支配に苦しんでいた播磨の百姓・土民は、赤松氏の復活を待望していた。『応仁記』は軍記物語であるが、これまでの山名氏の支配を考慮すれば、実態に近い記述と考えてよいだろう。それは、以下に示すとおり、当時の史料からもうかがえるからだ。

応仁元年五月、赤松氏は広峰神社の神官・広峰氏が加勢したことに対し、感状を発給した（「広峯文書」）。播磨国内の有力な国人は、赤松氏の要請に応じて加勢したのである。今のところは、広峰氏の例しか伝わっていないが、実際は広範な播磨国内の諸勢力が赤松氏の呼び掛けに応じたと考えられる。『応仁記』の記述を補う史料として重要である。

この事実を裏付けるかのように、文明十三年四月の難波行豊軍忠状には、一連の流れが詳しく書かれている（「難波文書」）。難波氏は、備前の土豪である。応仁元年五月、赤松氏の挙兵とともに播磨国を占拠し、その勢いで備前・美作の山名氏の勢力を駆逐した。しかし、赤松氏に与した備前の鹿田氏、菅（かんし）氏は軍功を根拠として守護職を望んできたが、勝元の裁定によって、鹿田氏らの要望は退けられた。鹿田氏らは戦乱をチャンスとして、一気に台頭を試みたのだろう。

こうして、あっけなく赤松氏は旧領国を奪還したが、実は赤松氏惣領家と庶子の間では、家督をめぐって争いが生じていた。

†赤松政則の逃亡

応仁・文明の乱に乗じて、赤松氏は播磨国奪還に成功したが、即座に盤石な体制を築いたわけではない。開戦後、一族内で赤松氏の惣領家をめぐって、争いが生じたのである。応仁二年（一四六八）十一月、政則は足利義政の命に応じて、一族の有馬元家（もといえ）を討った（『後法興院記』）。その理由とは、元家が西軍の義視に通じていたからである。その背景には、赤松氏の惣領職をめぐる争いがあった（『大乗院寺社雑事記』）。赤松氏の一族であるならば、有馬氏にも惣領家を継ぐ資格があったということになろう。

赤松氏の惣領は政則だったが、その地位は決して政則が一人で築き上げたものではなかった。そもそも赤松氏旧臣が家の再興を望まなければ、再び守護に返り咲くきっかけすらつかめなかった。さらに重要なのは、細川勝元のバックアップに加えて、浦上則宗のような守護代層の活躍が必要だった。そこに将軍家、守護家の家督をめぐる争乱という条件も重なり、赤松氏は復活することができたのである。

しかし、裏を返せば、条件は同じである。先述した備前の例で言えば、鹿田氏らのような土豪でさえも、守護職を恩賞として望んだ。ましてや、同じ赤松氏一族の有馬氏が惣領の座を望むことなど、決して不思議ではない。それでも政則が守護職を保持しえたのは、右に示した諸氏の支援があったからで、決して絶対的な権力を保持したとは言えなかったのである。先のことになるが、そのことを如実に示す事件が勃発した。

文明十五年(一四八三)十二月、それまで沈黙を守っていた但馬国守護の山名政豊が、突如として播磨国に侵攻した。政豊は播磨国をもともと自らの領国と認識しており、かねて奪還を目論んでいた。赤松政則は但馬・播磨の国境である真弓峠(兵庫県朝来市)で迎え撃つが、あえなく敗北を喫してしまった。それどころか、政則は真っ先に戦場から離脱し、行方知れずとなったのである(『大乗院寺社雑事記』など)。政則は堺(大阪府堺市)に落ち延びたともいわれているが、あまりに無責任な逃亡劇だった。

†重臣から総スカン

政則の逃亡という大失態に激怒したのが、重臣の浦上則宗である。当時の記録によると、被官人は政則に従わなかったとの記述がある(『親長卿記(ちかながきょうき)』)。そもそも政則は家臣団の統制を十分にできず、それゆえ山名氏の侵攻に対抗できなかった可能性があろう。あるいは、政則が領民からも支持されていなかった感がある。

政則の逃亡後、則宗は赤松氏のほかの家臣たちと相談し、幕府に政則を更迭する旨の書状を送った（『蜷川家文書』）。その内容で重要なことは、政則が国の支配を誤ったため、諸侍ならびに国民以下が政則に背いたということである。これはまさしく、政則に対して守護の座に止まることに「ノー」を突き付けたということになろう。その後の措置としては、有馬則秀の子・慶寿丸を赤松氏の猶子（相続を目的としない仮に結ぶ親子関係）に迎え、家督を継がせたいと幕府に申請したのである。

書状に連署したのは、長禄の変以来、赤松氏再興に尽力した則宗をはじめとする重臣だった。こうした赤松氏の家臣の対応は、ある意味で前代未聞のことだったが、時代の流れであったともいえる。以下、その理由を列挙することにしよう。

〈1〉政則が敵対勢力との戦いで敗北することは、守護の座を追われる要因となり、さらに諸侍、国民から支持を得られない状況になること。

〈2〉重臣は当主の政則を支える一方ではなく、失政などによって「守護として器量なし」と判断すれば、いつでも更迭する準備があったこと。

〈3〉重臣は当主の更迭を幕府に要望しえたが、代わりの守護は赤松氏の庶流でなければならなかったこと。

〈4〉幕府には守護を任命する権限があったが、一方で、守護家の重臣の意向を無視しえなかったこと。

赤松氏重臣が書状の中で「諸侍ならびに国民以下が政則に背いた」というのは、単なる修辞なのかもしれない。しかし、守護には国を支配する器量が必要であり、それが欠けていれば放逐されること、また幕府もそうした状況を無視しえなかったことは興味深い。さらに、守護になるには、いかに則宗が威勢を誇っていても、家格の問題で実現しなかったことは注目すべき点である。一連の事態は幕府権力、守護の地位の低下を示すとともに、守護権力が赤松氏家中の意向に制約されたことを示している。

†政則復活を後押しした人物

赤松氏重臣らの要求に対して、幕府はいかに対応したのだろうか。文明十六年三月、政則は上洛して義政に謁見した。そこで、義政が示した判断とは、これまでどおり政則の守護職を認めるというものだった。その理由は、赤松氏重臣が幕府に提出した書状が謀書であると考えたからである（『大乗院寺社雑事記』）。謀書には「偽文書」（偽造した文書）という意味があるが、この場合は政則を陥れるための文書という意もあったと考えてよいだろう。

赤松氏重臣の守護交代の要望に対して、義政の回答は「ノー」だった。裏返して言えば、彼らの要望を認めてしまうと、幕府権力の失墜につながりかねないという事情もあった。さらに、政則の「政」は、義政がその一字を与えたものである。また、応仁・文明の乱が勃発すると、政則は義政が支援する東軍に与した。そういう事情からも、政則の守護交代を認めなかったと推測される。

その後、赤松氏重臣の要望については、複雑な展開となった。当時、義政は将軍職を子の義尚に譲っていたが、なお実権を手放そうとしなかった。政則の守護更迭の一件は、義尚のもとにももたらされ、有馬慶寿丸（澄則）を新守護として認め、浦上氏以下の家臣を取り立てるという判断を下していた（『大乗院寺社雑事記』）。問題は、義政が義尚が下した判断を一切知らなかったことである。将軍権力は実質的に二分しており、それぞれが異なった判断を下したので、問題は複雑化したのである。

政則の追放された同じ時期には、別の不穏な動きが生じていた。赤松氏の一族には、播磨守を官途とする庶流が存在した。おそらく嘉吉の乱後に滅ぼされた、赤松満政の流れを汲む人物が生き残っていたのだろう。文明十六年三月、山名氏と赤松氏の一族である在田氏・廣岡氏が結託して、播磨守を名乗る人物を「新赤松」と称して擁立した（『大乗院寺社雑事記』）。この頃、山名氏は播磨・備前両国を完全に制圧し、美作国も半分を征服していた。在田氏らが「新赤松」を擁立した理由は、有馬氏を擁する浦上氏らに対抗し、「新赤松」を担ぎ出すことで赤松氏領国を支配する正当性を担保するためだろう。

結局、有馬氏、「新赤松」の擁立は失敗に終わり、政則は別所則治（べっしょのりはる）らの支援もあって、もとのとおり守護に復帰した。則治は赤松氏の庶流といわれており、政則の没落と同時に、突如として史上にあらわれた人物である。則治は政則を助けるべく、義政に交渉したといわれている。逆に言えば、則治は政則を再び守護職に就けることにより、赤松氏家中における発言権を増そうとしたのかもしれない。以後、則治が東播磨八郡の守護代となり、領国支配の一端を担うことになったのは、その証左といえるだろう。

つまり、政則が単独で播磨などの守護職に復帰することは困難であり、則治のような支援者が必要だったといえる。政則の復活後、浦上則宗と別所則治は対抗しながらも政則を支え、赤松氏の発展に尽力した。

長享二年（一四八八）、赤松氏は山名氏の撃退に成功し、約五年もの歳月を要して播磨など三カ国の支配を回復した。赤松氏が山名氏を撃退し、安定した領国支配を行うには、則治、則宗らの支援が欠かせなかったのである。

†義政の無能ぶり

政則が生きた時代、八代将軍を務めた義政はあまりの無能さゆえ、失政に次ぐ失政により権力も権威も失った。

義政は政治に対する主体性を欠き、寛正の大飢饉に苦しむ人を救うことができなかった。それどころか、飢餓で苦しむ人がいるにもかかわらず、何度も御所の造営を行ったので、後花園天皇から諫言される始末だった。義政が何事に対しても他人事のようなありさまだったので、応仁・文明の乱を鎮めることができなかったは当然である。厳しいようだが、義政は将軍として無能であり、とても乱世の時代を終息に向かわせることなどできるはずがなかったのだ。

義政の政治手腕には、撫民仁政主義が欠けていた。撫民仁政とは、当時の政治思想で重要視された武家政治を正当化したイデオロギーで、撫民を政治の要諦とする考え方だ。民意の支持をイコール天意の反映と捉え、民意の支持を為政者としての要件とするが、為政者が民意の支持を得られなければ、為政者を討伐・追い払う放伐革命を是認する考えでもあった。

義政は飢饉への対策を十分に行わず、逼迫した状況を無視して御所の造営を敢行するなど、周囲から大きな反感を買った。時代が閉塞観に包まれる状況下で、土一揆に牢人や武家被官人が加担するなど、ますます事態は悪化していったのである。

土一揆の制圧に力を尽くしたのは、将軍でも守護でもなく、浦上氏などの有力な守護代層の面々だった。将軍や守護という存在は、もはや疲労・消耗して旧制度と化していた。同時に、義政の中途半端な政治的な対応は、戦国時代の様相を加速させ、守護代層らの新たな動きを促したといえよう。やがて、幕府は守護を任命しても、それを拒否するような動きもあらわれた。朝倉氏や尼子氏のように守護に任命されなくても、実効支配を展開したのが好例である。

室町幕府が撫民仁政主義とともに依拠する政治思想は、故実礼治（こじつれいじ）主義である。故実礼治とは、公武社会で先例・典拠を重視する精神に支えられた世界のことである。室町時代の武家故実の特色は「分の観念」であり、これは将軍を中心とする層位的秩序の固定化に基づく支配の持続化にあった。室町時代の武家故実には、幕府の官職や家柄に応じた差異があり、上位者に対する下位者の作法が定まっていたのである。

撫民仁政主義と故実礼治主義は両立することで機能するものであって、どちらが欠けても成立しなかった。義政の時代には、どちらの理念も崩壊しつつあった。同時に、将軍観も変化を遂げていた。将軍の存在は必要だったが、それを支える重臣や幕府の諸機関が機能すれば問題はない。したがって、義政が無能であっても、支える配下の者が有能であれば、幕府として機能したのである。この点は守護の存在についても、同様のことがいえるであろう。

†将軍権力、守護権力の失墜

嘉吉の乱などの争乱の分析は、室町幕府の成立から応仁・文明の乱にかけて、将軍権力、守護権力の変化を見るのに適している。義満の時代には専制的な権力を確立し、将軍が守護を統制できる力が十二分にあった。複数の守護職を持った大内氏、山名氏は義満から戦いを挑まれ、結果的に滅亡には至らなかったが、その威勢は削がれることになった。

室町幕府は将軍専制とはいえ、実際には有力守護が在京し、将軍を支えるという構造になっていた。義満には、有力守護をコントロールするだけの力があったのである。

義満の没後、義持が赤松持貞を重用し、赤松満祐に代えようとした事件もあった（応永三十四年の赤松満祐播磨下国事件）。守護の任免権は幕府にあったものの、すでに守護職は世襲する傾向が強かったので、交代が容易ではなかった。事態は収拾されたものの、将軍との濃密な人間関係により、お気に入りの人物が守護に登用される可能性があったこと、同時にそれが困難だったことを示す事例である。将軍権力の専制的な様相は、おおむね義教の代まで続いた。

義教の代になると、有力守護の統制だけでなく、恐怖政治という性格を帯びて行った。それは武家だけでなく、公家や僧侶にまで及んだ。大きな問題だったのは、守護家の家督継承に介入したことであろう。詳細は先述のとおりであるが、義教が中途半端に介入することによって、大混乱をもたらした。その結果、勃発したのが嘉吉の乱である。乱によって義教は謀殺され、幕府は混乱に陥った。さらに、嘉吉の乱では赤松氏討伐に天皇の綸旨を要するなど、幕府弱体ぶりを露呈したのも事実である。

義教の没後、義政が後継者となったが、幼い義政には何ら力がなかった。結局、将軍権力は周囲の重臣（有力守護）の意向によって、制約されることになった。同時に、守護家の家督をめぐる争乱が激化し、将軍による守護職の補任が徐々に有名無実となる。富樫氏、斯波氏、畠山氏の例は、代表的なものであろう。やがて、分裂した守護家には、山名氏、細川氏らが自らの威勢を伸長するため、背後から支援するようになった。その結果、ますます将軍権力は失墜し、混乱が収まることはなかった。

この背景には、将軍家、守護家ともに当主が幼少だったという事情もあった。足利義政もそうであったし、赤松政則も同じだった。当主に政治を担うだけの力がないので、重臣たちがサポートすることになる。それは、必然的に重臣たちが権力を掌握する機会にもなった。こうして、将軍家、守護家の傀儡化が進んでいく。ただし、家格の問題は重要であり、いかに重臣が権力を握っても、自らが将軍あるいは守護になるのは困難だったのだ。

一方で、越前の朝倉氏が斯波氏に、出雲の尼子氏が京極氏に代わり、実質的な守護になることもあった。斯波氏も京極氏も領国が赤松氏のように近接しておらず、遠隔地に所在した。斯波氏は越前・尾張・遠江の守護だったが、越前はかなり離れている。京極氏は出雲・隠岐・飛騨・近江の守護だったが、同様に近江は離れていた。領国が遠隔地の場合は、守護代が実質的な支配権を掌握しえたのである。

つまり、十五世紀半ばという時代は、伝統的な権力を持つ将軍、守護が没落することもあるし、新勢力が台頭する機会が十分にあったのである。そして、自らの権力を維持するには、婚姻などを通して濃密な人間関係が重要であり、ある意味で自己中心的な打算も必要だった。以降、将軍家と守護家、新たに台頭した武家勢力（守護代層、国人など）は、分裂と連携を繰り返すことが常態化し、戦国時代へと突入する。嘉吉の乱は、その象徴ともいえる事件だったのだ。

おわりに

播磨赤松氏は、私が大学の卒業論文として扱って以降、ライフワークとして追究してきた研究テーマである。この度、赤松氏が主役となった嘉吉の乱を扱うことができて、これに勝る喜びはないと思っている。

そもそも播磨赤松氏は、主として矢野荘（兵庫県相生市）との関係から触れられる程度だった。やがて、赤松氏の播磨支配に関する優れた論文も公表されたが、さほど研究は多くないといえる。『兵庫県史』中世史料編などの自治体の史料集が多数刊行されて以降も、研究はさほど増えなかった。本書で取り上げた嘉吉の乱も同様で、室町政治史の一コマとして取り上げられるに過ぎなかった。

赤松氏は、室町期の守護の一典型である。当主は播磨など三カ国守護として活躍する一方、幕政では侍所所司を務める名門だった。赤松氏の庶流は、将軍の直臣として仕えるなど、当主の赤松氏と比肩する存在でもあった。赤松氏惣領家が有力な庶流と対立するのは、幕府の有力守護権政策と相まって、避けることができなかったに違いない。

赤松氏は嘉吉の乱で滅んだが、その後の政治過程で細川氏の思惑によって、思いがけず復活した。当時、幕閣内の有力者は自身の立場を有利にするため、あらゆる手段を用いた。多数派工作もその一つで、他家の家督争いに乗じて、片方に加担するなどした。そして、事態はより複雑化する。本書においても、そうした赤松氏の複雑な立場を描いたが、守護家それぞれの思惑があって誠に興味深い。

なお、本書は一般書であることから、本文では読みやすさを重視して、学術論文のように逐一、史料や研究文献を注記しているわけではない。執筆に際して多くの論文や著書に拠ったことについて、厚く感謝の意を表したい。また、各章の研究文献は膨大になるので、参照した主要なものに限っていることをお断りしておきたい。

最後に、本書の編集に関しては、筑摩書房編集部の松本良次氏のお世話になった。松本氏には原稿を丁寧に読んでいただき、種々貴重なアドバイスをいただいた。ここに厚くお礼を申し上げる次第である。

二〇二二年七月

渡邊大門

主要参考文献（刊行年順）

青山英夫「室町幕府守護の領国形成とその限界」（『上智史学』一四号、一九六九年）
高坂　好『赤松円心・満祐』（吉川弘文館、一九七〇年）
太田順三「嘉吉の乱と山名持豊の播磨進駐――「室町幕府守護体制」のモノクローム」（『民衆史研究』九号、一九七一年）
青山英夫「応永三十四年、赤松満祐下国事件について」（『上智史学』一八号、一九七三年）
水野恭一郎「守護赤松氏の領国支配と嘉吉の変」（同『武家時代の政治と文化』創元社、一九七五年）
青山英夫「播磨国矢野荘における守護領国の展開」（『上智史学』二〇号、一九七五年）
今井啓一「嘉吉の變と長祿の變」（後南朝史編纂会編『後南朝史論集』原書房、一九八一年）
岸田裕之「守護赤松氏の播磨国支配の発展と国衙」（同『大名領国の構成的展開』吉川弘文館、一九八三年）
水野恭一郎「赤松氏再興をめぐる二・三の問題」（同『武家社会の歴史像』国書刊行会、一九八三年）
五島邦治「武家猿楽と室町殿における興行―嘉吉の乱による猿楽の混乱にふれて―」（『芸能史研究』八五号、一九八四年）
蔭木英雄『蔭凉軒日録――室町禅林とその周辺』（そしえて、一九八七年）
三宅克広「播磨守護赤松氏奉行人の機能に関する一考察」（『古文書研究』二八号、一九八七年）
筧　雅博「続・関東御領考」（石井進編『中世の人と政治』吉川弘文館、一九八八年）
三宅克広「守護奉行人奉書に関する基礎的考察」（『法政史学』四〇号、一九八八年）
依藤　保「花押掲載の必要性について――二人の赤松満政」（『播磨小野史談』一〇号、一九八八年）
小林基伸「文和年間の摂津守護職に関する一史料」（『わたりやぐら』一五号、一九九〇年）
熱田　公「赤松円心・満祐・政則」（姫路獨協大学播磨学研究会編『風は悪党の背に　播磨学講座2　中世』神

戸新聞総合出版センター、一九九一年）
高坂　好『中世播磨と赤松氏』（臨川書店、一九九一年）
多田暢久「書写・坂本城の縄張りについて――室町期の守護所」（『城郭研究室年報』一号、一九九一）
依藤　保「別所則治登場の背景――赤松政則と再興功労家臣団の葛藤のはざまに」（『三木史談』二七号、一九九二年）
寿松　博編『歴墨遺纂・高坂好遺稿集』（兵庫県揖保郡新宮町教育委員会、一九九三年）
松林靖明「嘉吉の乱関係軍記の一考察――『赤松盛衰記』をめぐって」（『甲南国文』四〇号、一九九三年）
水野恭一郎「嘉吉の乱と井原御所」（『鷹陵史学』一八号、一九九三年）
辰田芳雄「『嘉吉記』にみられる文安の乱――赤松満政の播磨合戦」（『季刊ぐんしょ』二六号、一九九四年）
矢代和夫他編『室町軍記　赤松盛衰記――研究と資料』（国書刊行会、一九九五年）
馬田綾子「赤松則尚の挙兵――応仁の乱前史の一齣」（大山喬平教授退官記念会編『日本国家の史的特質　古代・中世』思文閣出版、一九九七年）
森　茂暁『闇の歴史、後南朝』（角川書店、一九九七年）
小林基伸「塩屋赤松氏から龍野赤松氏へ」（『わたりやぐら』四〇号、一九九八年）
今谷　明『土民嗷々』（東京創元社、二〇〇一年）
依藤　保「赤松円心私論――悪党的商人像見直しのためのノート」（『歴史と神戸』二二四号、二〇〇一年）
野田泰三「戦国期における守護・守護代・国人」（『日本史研究』四六四号、二〇〇一年）
森　茂暁「赤松持貞小考――足利義持政権の一特質」（『福岡大学人文論叢』三三巻二号、二〇〇一年）
小林基伸「十五世紀後期の播磨における守護・国人・地下」（『大手前大学史学研究所紀要』三号、二〇〇三年）
川岡　勉「赤松氏の分国支配と播磨土一揆」（矢田俊文編『戦国期の権力と文書』高志書院、二〇〇四年）

野田泰三「戦国期赤松氏権力と国人領主」（矢田俊文編『戦国期の権力と文書』高志書院、二〇〇四年）
西面亜紀子「播磨守護赤松氏の支配機構――嘉吉の乱以前を中心に」（『神女大史学』二二号、二〇〇五年）
樋口健太郎「室町時代の摂津国輪田庄と赤松氏」（『神戸大学史学年報』二一号、二〇〇六年）
伊藤喜良『足利義持』（吉川弘文館、二〇〇八年）
竹内智宏「室町幕府と赤松氏――中次赤松満政の活動を中心として」（『年報赤松氏研究』創刊号、二〇〇八年）
渡邊大門『奪われた「三種の神器」――皇位継承の中世史』（講談社現代新書、二〇〇九年）
伊藤邦彦「鎌倉時代の小串氏」（同『鎌倉幕府守護の基礎的研究【論考編】』岩田書院、二〇一〇年）
伊藤邦彦「室町期播磨守護赤松氏の〈領国〉支配」（同『鎌倉幕府守護の基礎的研究【論考編】』岩田書院、二〇一〇年）
稲垣　翔「播摩国における山名氏権力の地域支配構造　郡単位の統治機構に注目して」（『年報中世史研究』三五号、二〇一〇年）
森　茂暁「室町前期の国家祈禱と幕府財政――修法供料の支出における伊勢貞国・赤松満政の関与をめぐって」（『福岡大学人文論叢』四二巻二号、二〇一〇年）
森　茂暁「赤松満政小考――足利義教政権の一特質」（『福岡大学人文論叢』四二巻三号、二〇一〇年）
吉田賢司『室町幕府軍制の構造と展開』（吉川弘文館、二〇一〇年）
稲垣　翔「播摩国における山名氏権力の段銭収取構造」（『ヒストリア』二二四号、二〇一一年）
渡邊大門『戦国誕生――中世日本が終焉するとき』（講談社現代新書、二〇一一年）
渡邊大門『中世後期の赤松氏――政治・史料・文化の視点から』（日本史史料研究会、二〇一一年）
渡邊大門『備前浦上氏』（戎光祥出版、二〇一二年）
家永遵嗣「足利義視と文正元年の政変」（『研究年報（學習院大學文學部）』六一号、二〇一四年）

吉田賢司「室町幕府論」（『岩波講座　日本歴史　第八巻・中世三』岩波書店、二〇一四年）
吉田賢司『足利義持』（ミネルヴァ書房、二〇一七年）
山田徹「南北朝後期における室町幕府政治史の再検討（上・中・下）」（『文化学年報』六六・六七・六八号、二〇一七・二〇一八・二〇一九年）
秦野裕介「禁闕の変再考」（『十六世紀史論叢』一一号、二〇一九年）
秦野裕介『乱世の天皇——観応の擾乱から応仁の乱まで』（東京堂出版、二〇二〇年）
前田　徹『中世後期播磨の国人と赤松氏』（清文堂出版、二〇二一年）
渡邊大門編『戦乱と政変の室町時代』（柏書房、二〇二一年）

この時代の研究文献は膨大になるので、紙幅の関係から赤松氏に関わるものを中心に記載した。ご海容のほどをお願い申し上げる。

ちくま新書
1683

嘉吉の乱
——室町幕府を変えた将軍暗殺

二〇二二年九月一〇日　第一刷発行

著者　渡邊大門（わたなべ・だいもん）

発行者　喜入冬子

発行所　株式会社　筑摩書房
東京都台東区蔵前二-五-三　郵便番号一一一-八七五五
電話番号〇三-五六八七-二六〇一（代表）

装幀者　間村俊一

印刷・製本　三松堂印刷　株式会社

ISBN978-4-480-07504-8 C0221

ちくま新書

1290 流罪の日本史 渡邊大門
地位も名誉も財産も剝奪された罪人は、縁もゆかりもない遠隔地でどのように生き延びたのか。彼らの罪とは。事件の背後にあった、闘争と策謀の壮絶なドラマとは。

1426 明智光秀と本能寺の変 渡邊大門
下克上の時代。なぜ明智光秀は織田信長を殺したのか。私怨だったのか、朝廷か足利義昭か、徳川家康の陰謀だったか……戦国ミステリーを明智の人生で読み解く。

1369 武士の起源を解きあかす――混血する古代、創発される中世 桃崎有一郎
武士はどこでどうやって誕生したのか。日本を長期間統治した彼らのはじまりは「諸説ある」として不明とされていた。古代と中世をまたぎ、日本史最大級の謎に挑む。

1471 室町の覇者 足利義満――朝廷と幕府はいかに統一されたか 桃崎有一郎
朝廷の支配者であり、幕府のトップ。その権力の源泉は儀礼の奥義と、無言の恫喝とジョークで、それは天皇まで翻弄した。知られざる義満の正体を深掘りする。

618 百姓から見た戦国大名 黒田基樹
生存のために武器を持つ百姓。領内の安定に配慮する大名。乱世に生きた武将と庶民のパワーバランスとは――。戦国時代の権力構造と社会システムをとらえなおす。

1093 織田信長 神田千里
信長は「革命児」だったのか？　近世へ向けて価値観が大転換した戦国時代、伝統的権威と協調し諸大名や世間の評判にも敏感だった武将の像を、史実から描き出す。

1359 大坂城全史――歴史と構造の謎を解く 中村博司
豊臣秀吉、徳川家康・秀忠など、長きにわたり権力者たちの興亡の舞台となった大坂城を、最新の研究成果に基づき読み解く、通説を刷新する決定版通史！

ちくま新書

1469
近世史講義 ――女性の力を問いなおす
高埜利彦編

第一線の実証史学研究者が最新研究に基づき江戸時代の実像に迫る。特に女性が持った力と果たした役割を多角的に検証。通史としても読める全く新しい形の入門書。

692
江戸の教育力
高橋敏

江戸の教育は社会に出て困らないための、「一人前」になるための教育だった！　文字教育と非文字教育が一体化した寺子屋教育の実像を第一人者が掘り起こす。

1144
地図から読む江戸時代
上杉和央

空間をどう認識するかは時代によって異なる。その違いを象徴するのが「地図」だ。古地図を読み解き、日本の形を作った時代精神を探る歴史地理学の書。図版資料満載。

1198
天文学者たちの江戸時代 ――暦・宇宙観の大転換
嘉数次人

日本独自の暦を初めて作った渋川春海を嚆矢とする「江戸の天文学者」たち。先行する海外の知と格闘し、暦・宇宙の研究に情熱を燃やした彼らの思索をたどる。

1219
江戸の都市力 ――地形と経済で読みとく
鈴木浩三

天下普請、参勤交代、水運網整備、地理的利点、統治システム、所得の再分配……地形と経済の観点を中心として、未曾有の大都市に発展した江戸の秘密を探る！

1294
大坂　民衆の近世史 ――老いと病・生業・下層社会
塚田孝

江戸時代に大坂の庶民に与えられた「褒賞」の記録を読みとくと、今は忘れられた市井の人々のドラマが見えてくる。大坂の町と庶民の暮らしがよくわかる一冊。

1309
勘定奉行の江戸時代
藤田覚

家格によらず能力と実績でトップに立てた勘定所。財政を支える奉行のアイデアとは。年貢増徴策、新財源探し、禁断の貨幣改鋳、財政積極派と緊縮派の対立……。

ちくま新書

1210 日本震災史——復旧から復興への歩み　北原糸子

度重なる震災は日本社会をいかに作り替えてきたのか。有史以来、明治までの震災の復旧・復興の事例に焦点を当て、史料からこの国の災害対策の歩みを明らかにする。

1247 建築から見た日本古代史　武澤秀一

飛鳥寺、四天王寺、伊勢神宮などの古代建築群を手がかりに日本誕生に至る古代史を一望する。仏教公伝、皇祖神創造、生前退位は如何に三次元的に表現されたのか？

1300 古代史講義——邪馬台国から平安時代まで　佐藤信編

古代史研究の最新成果と動向を一般読者にわかりやすく伝えるべく15人の専門家の知を結集。列島史の全体像が1冊でつかめる最良の入門書。参考文献ガイドも充実。

1391 古代史講義【戦乱篇】　佐藤信編

日本の古代を大きく動かした15の戦い・政争を最新研究に基づき正確に叙述。通時的に歴史展開を見通すとともに、時代背景となる古代社会のあり方を明らかにする。

1480 古代史講義【宮都篇】　佐藤信編

飛鳥の宮から平城京・平安京などの都、太宰府、平泉まで古代の代表的宮都を紹介。最新の発掘・調査成果をもとに都市の実像を明らかにし、古代史像の刷新を図る。

1579 古代史講義【氏族篇】　佐藤信編

大伴氏、物部氏、蘇我氏、藤原氏から源氏、平氏、奥州藤原氏まで——各時期に活躍した代表的氏族の展開を、最新研究から見通し、古代社会の実情を明らかにする。

1406 考古学講義　北條芳隆編

科学的手法の進展により新発見の続く考古学。その最先端をわかりやすく伝えるとともに、通説をそのままなぞるような水準にとどまらない挑戦的な研究を紹介する。